Reinhold Ruthe

Wege aus der Angstfalle

Wie aus Ängsten Chancen werden

Brendow
VERLAG + MEDIEN

Bibliografische Information Der Deutschen Bibliothek
Die Deutsche Bibliothek verzeichnet diese Publikation in der Deutschen Nationalbibliografie; detaillierte bibliografische Daten sind im Internet über http://dnb.ddb.de abrufbar.

ISBN-10: 3-86506-109-5
ISBN-13: 978-3-86506-109-6

Einbandgestaltung: Brendow Verlag, Moers
Titelfoto: Getty Images
Satz: Hans Winkens, Wegberg
Druck und Bindung: Clausen & Bosse, Leck
Printed in Germany

www.brendow-verlag.de

Inhalt

Vorwort

»Angst frisst mich auf!«

Die Angst ist wie ein unheimliches Monster, das uns Tag und Nacht überfallen kann. Kinder und Erwachsene, Große und Kleine, Gebildete und Ungebildete – jeder kann von allen möglichen kleinen und schrecklichen Ängsten heimgesucht werden.

Angst ist eine Grundbefindlichkeit des Menschen. Sie gehört zu uns wie unsere Augen, unsere Ohren und Haare. Angst ist allgegenwärtig.

Es gibt *gesunde* und *krank machende* Ängste.

Ängste schützen uns vor Gefahren und Bedrohungen. Sie sichern unser Überleben. Sie können uns aber auch lähmen, uns den Verstand rauben und uns zur Verzweiflung bringen.

Ängste können uns aus der Bahn werfen und lebensuntüchtig machen.

Wohin wir auch blicken, überall begegnen uns die tausend Gesichter der Angst. So sprechen wir von

- Schulangst
- Erwartungsangst
- Prüfungsangst
- Heiratsangst
- Versagensangst
- Zukunftsangst
- Verlassenheitsangst
- Lebensangst
- Todesangst

In den deutschsprachigen Ländern gibt es – grob geschätzt – siebzehn Millionen Menschen mit Angsterkrankungen. Das US-amerikanische National Institute of Mental Health spricht von neunzehn Millionen Menschen in Amerika, die an Angst- oder Panikstörungen leiden.

Nicht die Angst vor Terror und Krieg sind dafür die Hauptgründe, sondern es sind die alltäglichen Ängste

- vor Fahrstühlen und vor dem Fliegen,
- vor Verlusten und vor Einsamkeit,
- vor Krankheit und vor dem Verlust der Arbeit,
- vor großen Plätzen und engen Räumen

und vor unzähligen anderen, harmlosen Dingen, die uns das Leben so schwer machen. Auch wenn viele Ängste übertrieben und unnötig sind, übersteigert und unrealistisch.

Angst hat sich zu einer Volksseuche entwickelt. Der Gesundheitszustand unserer Bevölkerung wird langsam beunruhigend. Die Zahl der Krankheitstage aufgrund psychischer Probleme ist nach Angaben der DAK zwischen 1997 und 2001 um 51 % gestiegen. Insbesondere Angstzustände geißeln viele Menschen. 60 % der Arbeitnehmer erleiden regelmäßige Angstattacken. Der volkswirtschaftliche Schaden, der durch Angstzustände entsteht, wird auf 50 Milliarden Euro jährlich geschätzt.

Ein Hauptanliegen des Buches besteht darin, Antworten auf die Fragen zu geben: Wie kann die Angst überwunden werden? Welche Hilfen greifen?

Denn:

- Niemand muss Angst hinnehmen.
- Wir können uns dagegen wehren.
- Wir können sie uns abtrainieren.
- Wir können uns helfen lassen.

Dabei kann uns auch der christliche Glaube helfen. Die unstillbaren Lebensängste brauchen Heilung. Jesus hat es deutlich gesagt: *»Die Gesunden brauchen keinen Arzt, aber die Kranken.«* Junge und erwachsene Menschen brauchen eine Heimat, Orte der Geborgenheit und einen Halt, der die Angst dämpft.

Jesus hat uns Mut gemacht: *»In der Welt habt ihr Angst, aber seid getrost, ich habe die Welt überwunden.«*

Wir sind keine kosmischen Waisenkinder. Unsere Angst hat einen Ansprechpartner. Wir haben einen Befreier – auch einen Befreier von der Angst.

KAPITEL 1

Was ist Angst?

Die Wörterbücher geben uns hier unterschiedliche Erklärungen. Gemeinsam aber ist allen:

- Angst ist ein Gefühlszustand,
- Angst ist ein Verhaltensmuster,
- Angst ist eine unangepasste, affektive Reaktion,
- Angst ist oft mit Kontrollverlust verbunden,
- Angst ist eine existenzbedrohende, überwältigende Kraft,
- Angst bewirkt eine extreme Hilflosigkeit,
- Angst kann zum völligen Versagen und zum Sinnverlust im Dasein führen,
- Angst kann den gesamten Organismus des Menschen beeinträchtigen.

Andere Umschreibungen für Angst sind:

- Bangen und Grauen,
- Grausen und Entsetzen,
- Schrecken und Panik,
- Bestürzung und Kopflosigkeit,
- Schock und Unruhe,
- Unsicherheit und Bangigkeit,
- Nervosität und Spannung,
- Erregung und Beklommenheit,
- Zittern und Zagen,
- Mutlosigkeit und Beklemmung,
- Scheu und Befangenheit.

Wir sehen, dass die Angst mit vielen Begriffen und Eigenschaften umschrieben wird.

Psychische Schwierigkeiten, Konflikte, Ehe- und Erziehungsprobleme, Alters- und Arbeitsprobleme – sie alle haben mit Angst zu tun. Deutlich wird auch, dass es keinen Lebensabschnitt und kein Gebiet menschlicher Existenz ohne Angst gibt. Menschsein heißt Angst haben. Von der Wiege bis zur Bahre begleitet uns ein Gefühl, das uns einengt, belastet, lähmt und unsere Lebensenergie einschränkt.

Angst in der Weltgeschichte

Viele Epochen der Vergangenheit wurden von Angst gekennzeichnet. Wie ein roter Faden zieht sie sich durch die Welt- und Leidensgeschichte der Menschheit.

Am Ende der *Antike,* als tief greifende Umbrüche im politischen, im sozialen und im wirtschaftlichen Bereich stattfanden, brandeten Ängste auf.

Im späten *Mittelalter* beherrschte eine panische Angst die Menschen. Angst vor Schuld und Verdammnis, Angst vor dem Zorn Gottes und Angst vor der Vernichtung trieb sie um. Martin Luther hat in seinem Schrei nach dem gnädigen Gott diesem Lebensgefühl Ausdruck verliehen.

Am Ende der *Neuzeit,* der Epoche, in der wir leben, haben wir Angst vor der Atombombe, Angst vor Umweltverschmutzung und Umweltzerstörung und Angst vor der Zukunft.

Albert Camus schrieb einmal die folgenden Sätze: *»Das 17. Jahrhundert war das Jahrhundert der Mathematik, das 18. Jahrhundert das der physikalischen Wissenschaften, das 19. Jahrhundert das der Biologie und unser 20. Jahrhundert ist das Jahrhundert der Angst.«*

Angst – ohne sie können wir nicht überleben

Angst ist wie eine von unserem Schöpfer einprogrammierte Alarmanlage. Sie schützt uns vor Gefahren.

»Sei vorsichtig!«, warnt sie uns.
Wir nehmen uns in Acht. Bei Rot gehen wir nicht über die Straße. Wenn Stauwarnungen im Radio durchgegeben werden, unternehmen wir keine Abenteuerfahrten. Wenn vor der Tür des Hauses ein Schild hängt: »Vorsicht, bissiger Hund!«, dann gehen wir behutsam an das Grundstück heran.

»Lass dich nicht übervorteilen!«, sagt sie uns.
Eine gesunde Portion Angst beflügelt uns, wenn wir an der Tür etwas kaufen. Wir denken nach und prüfen, damit wir nicht über den Tisch gezogen werden. Wir wollen uns ein gebrauchtes Auto kaufen und nehmen einen Fachmann mit, der das Objekt in Augenschein nimmt.

»Geh zur Vorsorgeuntersuchung!«, meldet sie uns.
Gesundheitsvorsorge spielt weltweit eine große Rolle. Gefährliche Krankheiten wie Krebs und Kreislauferkrankungen können vermieden und verhindert werden, wenn wir regelmäßig die Vorsorgeuntersuchungen wahrnehmen.

Aber warum gehen wir nicht? Warum lassen wir die Termine verstreichen? Vielleicht, weil wir uns schämen oder die Untersuchungen mit Schmerzen verbunden sind, weil sie Zeit und Geld kosten oder eine Störung oder eine Krankheit entdeckt werden könnte.

»Beachte die Verkehrsregeln!«, sagt sie uns.
Verkehrsregeln beinhalten Gebote und Verbote. Sie sind da, um uns zu schützen. Eine gesunde Portion Angst be-

wahrt uns davor zu rasen, zu dicht aufzufahren, leichtfertig zu überholen oder Schilder und Verkehrshinweise zu übersehen.

Zusammenfassend können wir feststellen: Gesunde Ängste schützen uns vor tausend Gefahren und sichern unser Überleben.

In der Tat, Angst ist eine gut funktionierende Alarmanlage, die unser Schöpfer in unser Leben eingebaut hat:

- Wir können sie benutzen.
- Wir können sie überhören.
- Wir können sie mutwillig missbrauchen.
- Wir können durch Störungen und Krankheiten ihre positive Funktion einbüßen.

Angst und Furcht

Neben den Angststörungen gehören die *Phobien* zu den seelischen Belastungen, die Menschen beunruhigen. Menschen können auf die ausgefallensten Dinge phobisch reagieren, und so gibt es zahlreiche Phobien:

Akrophobie = Höhenangst,
Algophobie = Angst vor Schmerzen,
Peccatophobie = Angst davor, eine Sünde zu begehen,
Skotophobie = Angst vor Dunkelheit,
Taphophobie = Angst davor, lebendig begraben zu werden.
Es gibt noch zahlreiche weitere Phobien.

Der Begriff »Phobie« stammt aus der griechischen Mythologie. Der Gott Phobos – sein Name bedeutet so viel wie

Furcht – war die Personifikation der Furcht und der Urängste. Er sorgte nicht nur für die Schrecken des Krieges, sondern in der Liebe auch für Eifersucht, Gewalt und Hörigkeit.

Das Wort »phobos« war in der griechischen Sprache zu allen Zeiten ein neutrales Wort, es konnte sowohl eine gute als auch eine schlechte Bedeutung haben. Es konnte etwas Nützliches und Lobenswertes, etwas Böses und Verdammungswürdiges, einen Feigling oder einen gottesfürchtigen Menschen bezeichnen.

Bei Homer bezeichnete »phobos« fast immer *Panik* oder *Flucht*. Allerdings konnte »phobos« im klassischen Griechisch auch *Ehrfurcht* und *Achtung* vor einem Herrscher bedeuten.

Im Neuen Testament kommt »phobos« 47-mal vor.

Es wird für die Reaktion der Jünger gebraucht, als sie Jesus auf dem Wasser gehen sehen. *»Aber Jesus sprach sie sofort an: ›Habt keine Angst! Ich bin es, fürchtet euch nicht!‹« (Matthäus 14, 26)*

Es bezeichnet die Wirkung, die die Heilung der Lahmen, die Auferweckung des Jünglings zu Nain oder die Heilung des besessenen Geraseners auf die Menschen hatte. *»Darauf baten die Leute aus Gadara, Jesus möge ihre Gegend verlassen, denn sie fürchteten sich sehr.« (Lukas 8, 37)*

Es kann Ehrerbietung bedeuten, aber auch Furcht. Es kann das natürliche Zurückschrecken vor einer schwierigen Aufgabe bezeichnen. Es kann das Ergebnis bösen Tuns sein.

Die Unterschiede zwischen Angst und Furcht

Der dänische Philosoph und Theologe Sören Kierkegaard war wohl der Erste, der den Unterschied zwischen Angst und Furcht herausgearbeitet hat. Er kennzeichnete die Angst als zur Wirklichkeit des menschlichen Lebens gehörend und sah in der Furcht eine Sonderform der Angst. Konsequent hat dann der Philosoph Martin Heidegger Angst und Furcht voneinander unterschieden. Für Heidegger ist Angst eine »Grundbefindlichkeit des Daseins«. In-der-Welt-Sein beinhaltet Angst. Angst ist ein Gefühl der Unheimlichkeit, ein Gefühl des Nicht-zu-Hause-Seins.

Fassen wir zusammen:

- Angst ist allgemeiner.
- Angst ist unkonkreter.
- Angst ist unbewusster.

Furcht dagegen ist auf etwas Bestimmtes gerichtet. Furcht hat der Mensch vor konkreten Dingen:

- vor Gott,
- vor Tieren,
- vor Gegenständen,
- vor dem Altwerden,
- vor der Atombombe,
- vor Arbeitslosigkeit,
- vor der Zukunft.

Auf der anderen Seite müssen wir aber auch zugeben, dass Angst und Furcht nicht sauber voneinander zu trennen sind. Deshalb benutzen wir – sprachlich gesehen – beide Begriffe im gleichen Sinn.

Wir sagen: Ich habe *Angst* vor dem Hund! – Ich *fürchte* mich vor dem Hund!

Ich habe *Angst* vor Strafe! – Ich *fürchte* mich vor Strafe!

Angst wird benutzt

Angst ist nicht nur eine *Eigenschaft,* Angst ist in erster Linie ein *Verhaltensmuster.*

Wir benutzen Angst unbewusst und verwenden sie als Mittel zum Zweck. Sie wird als Strategie von Kindern und Erwachsenen in den Lebensstil eingebaut und für das alltägliche Leben nutzbar gemacht.

Wie kann das praktisch aussehen?

Da ist Herr Niemeier, Finanzmanager in einem großen diakonischen Werk. Er ist seit zehn Jahren verheiratet und lebt mit seiner Frau Vanessa sowie zwei Kindern zusammen. Die Frau ist unglücklich, weil er sich in der Familie, zu Hause und in der Kirchengemeinde äußerst distanziert verhält. Er zeigt eine gewisse Kühle, spricht wenig und denkt viel. Seine Frau bezeichnet ihn als lieblos. Er hat zwar ein reiches Innenleben, pflegt aber keinen intensiven Austausch mit seiner Frau oder seinen Kindern und auch nicht mit Freunden und Bekannten. Herr Niemeier weicht aus. Er kann gut schweigen und muss nicht überall seinen Kommentar beisteuern. Vanessa glaubt, er sei gefühllos, teilnahmslos und ohne jegliche Leidenschaft.

Was sagt Herr Niemeier im Beratungsgespräch? »Wenn ich nach Hause komme, werde ich in Beschlag genommen. Die Luft wird dünn. Ich reiße mein Hemd auf und löse den Schlips. Ich habe immer das Gefühl, ich müsste jeden Moment ersticken. Mein Eindruck ist: Meine Frau will mich mit Haut und Haaren vereinnahmen!«

Herr Niemeier hat Angst vor dem *Du.* Er hat Angst vor *Nähe* und *Hingabe.* Er hat Angst vor dem *Sich-Ausliefern* und dem *Verschlungen-Werden.*

Und deshalb benutzt er seine Angst, um sich zurückzuziehen, um sich hinter Gleichgültigkeit zu verstecken und um sich in Beziehungen rar zu machen.

Auch Kleinkinder benutzen Angst. Zum Beispiel Angelika. Sie hat vor allem Möglichen panische Angst: vor Hunden und Katzen, vor Vögeln und vor Lärm, vor nächtlichen Besuchen und lauten Kindern.

Ihre Angst zeigt übertriebene und krankhafte Züge, deshalb sind die Eltern gezwungen, Angelika überallhin zu begleiten. Sie braucht ständig einen Beistand. Die Eltern, gottesfürchtige Menschen, beten morgens und abends mit ihrer Tochter. Sie beten, dass der lebendige Gott da ist, dass er sie beschützt, dass er sie begleitet und dass sie keine Angst zu haben braucht.

Aber die Eltern haben das versteckte Ziel von Angelikas Angst nicht verstanden. Was will ihre Tochter mit ihrer Angst wirklich bezwecken? Sie möchte Aufmerksamkeit und Zuwendung, Anteilnahme und Nähe sowie viele Gespräche und Mitleid.

Und je mehr die Eltern dem Mädchen Zuwendung und Aufmerksamkeit schenken, wird es seine Angst dazu benutzen, um seine Eltern und Großeltern, aber auch andere Beziehungspersonen in seinen Dienst zu stellen.

Angst und Psychosomatik

Wir wissen, dass Leib und Seele nahtlos miteinander verbunden sind. Aus diesem Grund haben seelische Probleme – beispielsweise auch Angst – sofort Rückwirkungen auf das Leibliche und das Seelische. Die Seele drückt sich in Gesicht und Händen, im Gang und in der Schrift des Menschen aus.

Falsch ist es allerdings, wenn gesagt wird: Der Mensch *hat* eine Seele. Richtig ist, dass er eine Seele *ist*, die eines Körpers bedarf, um sich in der irdischen Welt auswirken zu können.

Was verstehen wir unter Seele? Nun, wir begreifen in erster Linie Gefühle, Affekte und Empfindungen darunter, also: Freude, Trauer, Angst, Furcht, Liebe, Zorn, Wut und Verzweiflung. Und diese Gefühle und Empfindungen schlagen sich im Organischen nieder. Deshalb heißt es auch:

- Bei der Nachricht brach dem Betroffenen der *Angstschweiß* aus.
- Die Angst, den Arbeitsplatz zu verlieren, ist ihm auf *den Magen geschlagen.*
- Die übergroßen Befürchtungen haben ihn total *gelähmt.*
- Vor Angst hat er sich *in die Hose gemacht.*
- Die Angst vor dem Arzt trieb seinen *Blutdruck in die Höhe.*
- Meine Seele hat Angst, und ich bekomme eine *Gänsehaut.*

Ängste, Sorgen und Befürchtungen drücken sich auch in unserem Körper aus. Sie können uns den Schlaf rauben, können Harndrang oder Kreuzschmerzen, Kopfschmerzen oder Darmstörungen hervorrufen. Je sensibler wir sind, desto empfindlicher reagieren wir auch mit unseren Organen, denn wir Menschen sind ein Ganzes; Leib und Seele sind nicht zwei getrennte Welten.

Psychosomatische Störungen hängen mit vielen Faktoren zusammen: mit Nervosität und Hektik, mit Überarbeitung und Stress, mit Einsamkeit und Angst, mit Isolierung und Ausgegrenztsein.

Daraus folgt: Eine gestörte Erlebnisverarbeitung hat Krisen, Ausweglosigkeit, Depressionen, Verzweiflung, Selbstmordgedanken, Selbstentfremdung und seelisch bedingte Organerkrankungen zur Folge.

Die Nerven sind gesund, aber die Seele ist krank.

Auch das ist wichtig: Wir können derartige Verletzungen nicht folgenlos wegstecken. Sie rumoren im Herzen und im Körper herum. Gerade die Psychosomatik hat deutlich gemacht, dass unverarbeitete Verletzungen uns psychisch und organisch krank machen können. Vom Scheitel bis zur Sohle können die verschiedenen Organe in Mitleidenschaft gezogen werden.

Wir finden diesen Tatbestand sogar schon im Alten Testament formuliert: *»Denn als ich es wollte verschweigen, verschmachteten meine Gebeine durch mein tägliches Klagen.« (Psalm 32,2)* Wenn wir diesen Text in die Gegenwart übertragen, dann heißt das: *»... da rebellierten meine Organe.«*

An dieser Stelle kurz etwas zur christlichen Demut. Sie wird leicht missverstanden. Es ist keine Demut, wenn Christen widerspruchslos Kränkungen und Verletzungen einstecken. Hier spielt vielmehr die Angst in der Regel eine große Rolle:

- Die Angst davor, lieblos behandelt zu werden.
- Die Angst davor, missachtet und im Stich gelassen zu werden.
- Die Angst davor, das Gebot Christi zu missachten, wenn man nicht alles kommentarlos schluckt.

Wann wird Angst krankhaft?

Wir haben gesehen: Normale Ängste sind nicht krankhaft:

- Angst vor der Abiturprüfung.
- Angst davor, mit dem Auto in eine schmale Parklücke zu fahren.

- Angst davor, auf der Weihnachtsfeier eine Rede zu halten.
- Angst, auf dem Bauernhof einzukaufen, weil ein scharfer Schäferhund an der Kette liegt.
- Angst, den Bus oder die Bahn zu verpassen.

Solche Ängste sind nachvollziehbar und nicht krankhaft. Krankhaft werden Ängste dagegen,

- wenn jemand aus Angst das Haus nicht mehr verlassen kann;
- wenn jemand mit unerklärlichem Zittern reagiert;
- wenn Panikattacken über jemanden herfallen, sodass er nicht weitergehen, weiterfahren oder weiterarbeiten kann;
- wenn jemand mit krankhafter Angst vor irgendeiner Ansteckung kämpft;
- wenn jemand mit Zwangsstörungen belastet ist und sich stundenlang waschen, Geräte kontrollieren und Flecken abwaschen muss;
- wenn sich jemandem die Brust zusammenschnürt, das Herz bis zum Halse klopft und stechende Schmerzen in der Brust auftauchen;
- wenn es zu einem Tetanie-Anfall kommt (jemand kann seine Hände nicht mehr bewegen und verharrt in einer so genannten Fötenstellung);
- wenn jemand das Gefühl hat, in Ohnmacht zu fallen, wie gelähmt zu sein oder glaubt, »neben sich zu stehen« bzw. nicht mehr »er selbst zu sein«;
- wenn sich jemand dem Tode nahe fühlt und keine Luft mehr bekommt;
- wenn jemand mit dem Gefühl einer drohenden Gefahr oder eines drohenden Unheils nicht mehr fertig wird und meint, »verrückt zu werden«.

Das alles sind Kennzeichen, die eine »krankhafte Angst« signalisieren und die seelsorgerlich, ärztlich oder therapeutisch behandelt werden sollten.

Die *anormale* Angst ist die Hauptursache für sämtliche Störungen, für seelische Krankheiten, Konflikte und Probleme des Menschen. Angst ist die Achillesferse unserer Spezies. Angst ist der Schlüssel für die gesamte Psychopathologie des Menschen, das heißt für sämtliche krankhaften seelischen Störungen:

- für sexuelle Probleme,
- für alle Perversionen,
- für Kriminalität,
- für alle Psychosen,
- für alle psychosomatischen Krankheiten (also für Krankheiten des Körpers, die mehr oder weniger seelisch bedingt sind),
- für alle Phobien, das heißt für die zwanghaften Ängste wie Platzangst, Raumangst, Höhenangst, Flugangst, Angst vor Hunden usw.

Die *neurotische* Angst beinhaltet:

- ein Ausweichen vor den Aufgaben des Lebens,
- ein nicht Bejahen der eigenen Persönlichkeit,
- ein Gefühl der Minderwertigkeit, Unzulänglichkeit und Mangelhaftigkeit,
- ein krankhaftes Gefühl, in den Augen anderer Menschen an Wert zu verlieren.

Angst wird bisweilen als der schädlichste emotionale Stressfaktor betrachtet. Sie ist auch am Arbeitsplatz einer der brutalsten Stressfaktoren. Angst hat aus dem einen oder anderen Grund die Tendenz, gerade am Arbeitsplatz zu entstehen. Abgesehen von den Mechanismen, sich gegen Bedrohungen oder Feinde zu schützen, sind ihre psychologischen Auswirkungen fast ausschließlich negativ.

Angst ist selten rational. Sie befürchten etwa, dass die Bemerkung, die Sie in der Kantine haben fallen lassen, Ihrem Vorgesetzten zu Ohren kommen könnte – obwohl Ihnen Ihr gesunder Menschenverstand sagt, dass das unwahrscheinlich ist. Sie befürchten, dass die leichtsinnige Haltung Ihrer Konkurrenten gegenüber unserer Umwelt den Planeten zerstören könnte. Sie befürchten, dass jemand anders Ihre jetzige Position einnehmen könnte.

Starke Ängste sind die am leichtesten zu aktivierenden Emotionen. Sie wirken sich immer negativ aus, tragen aber das geringste Erfolgspotenzial in sich.

KAPITEL 2

Wie Angst entsteht

Es ist unmöglich, Angst aus *einer* Ursache abzuleiten. Es gibt viele Gründe, die Ängste und Befürchtungen im Leben hervorrufen.

Jeder Mensch erlebt seine persönlichen Abwandlungen der Angst, denn *die* Angst gibt es nicht; es gibt nur unterschiedliche Spielarten, unterschiedliche Ausdrucksweisen und unterschiedliche Gesichter von Angst.

Lange Zeit war es die Psychoanalyse Sigmund Freuds, die einseitig die Entstehungsgeschichte der Angst bestimmte. Aber viele Menschen kennen auch das Buch »Grundformen der Angst, eine tiefenpsychologische Studie« des Arztes und Tiefenpsychologen Fritz Riemann. Dieses Buch hat viele Auflagen und Übersetzungen erreicht und einige Generationen von Psychologen, Ärzten, Sozialarbeitern und Seelsorgern beeinflusst. Riemann charakterisiert mit »Grundformen der Angst« vier Grundimpulse der Erde, mit der sie reibungslos im Sonnensystem gehalten wird. *»Unsere Befindlichkeit in der Welt, die von überpersönlichen Ordnungen und Gesetzmäßigkeiten gesteuert wird – von Rotation und Revolution, von Schwerkraft und Fliehkraft –, spiegelt sich auch im seelischen Bereich wider.«*[1]

Die vier Impulse und unbewussten Triebkräfte, die die Erde im Gleichgewicht halten, werden von Fritz Riemann auch auf den Menschen angewendet. So bedeutet

- Rotation = Eigendrehung,
- Revolution = die Drehung um andere,
- Schwerkraft = Impuls nach Dauer und Beständigkeit
- und Fliehkraft = der Impuls für Veränderung und Wandlung.

Wirken die vier Impulse gleichmäßig auf den Menschen, dann befindet er sich im Gleichgewicht.

Jede Störung eines Impulses aber führt zu Gleichgewichtsproblemen. Der Mensch reagiert nicht mehr gesund und mit seelischer Ausgeglichenheit, sondern mit bestimmten seelischen Schwierigkeiten, Ängsten und Krankheiten.

Riemann unterscheidet vier Persönlichkeiten, die unterschiedliche Ängste demonstrieren:

- Die *schizoide* Persönlichkeit hat Angst vor Nähe, hat Angst vor dem Du, hat Angst vor Abhängigkeit.
- Die *depressive* Persönlichkeit lebt überwertig die Revolution, das Kreisen um andere. Sie ist von Verlustangst gekennzeichnet. Sie hat Angst vor Trennung, Ungeborgenheit, vor Einsamkeit und vor dem Verlassenwerden.
- Die *zwanghafte* Persönlichkeit hat Angst vor der Vergänglichkeit, Angst vor Neuem, Angst vor dem Tod, Angst davor, dass Sicherheit und Ordnung ins Wanken gerasten. Sie hat Angst vor Chaos.
- Die *hysterische* Persönlichkeit hat Angst vor Enge, Angst vor dem Endgültigen, Angst davor, die Freiheit zu verlieren, Angst vor zu viel Ordnung, vor Regeln und Verboten.

Im Zusammenleben mit anderen Menschen und in der Familie können diese vier Persönlichkeitsstrukturen durch bestimmte Einstellungs- und Verhaltensmuster negativ beeinflusst werden, und zwar:

- durch Verwöhnung oder Vernachlässigung,
- durch Dominanz und Überbeschützung,
- durch Überbewertung oder Diskriminierung,
- durch Vorziehen oder Benachteiligung.

Auch andere Erziehungspraktiken, die im Prinzip behindern, können Fehler, Defizite und Mängel in der Persönlichkeitsentwicklung eines Kindes entstehen lassen, die sich auch im Erwachsenenalter noch nachteilig bemerkbar machen.

Riemanns Modell ist äußerst hilfreich, um den komplizierten Menschen besser zu begreifen und die Entstehung vieler Ängste, von denen Kinder und Erwachsene heimgesucht werden, zu verstehen.

Wie entwickelt sich Verlassenheitsangst?

Ein folgenschweres Problem ist im ersten Lebensjahr eines Menschen die Trennung des Kindes von der Mutter, die Auflösung der *Wir-Beziehung*.

Wie sich diese Verlassenheitsangst in der frühen Phase auswirkt, ist wiederholt beschrieben worden. Ess- oder Schlafstörungen sowie Stereotypien sind die Folge. (Unter »Stereotypien« verstehen wir ständig wiederkehrende Bewegungen wie Schütteln, Drehen, Wackeln, Klopfen, Schlagen, Werfen, Zupfen, Schnalzen usw. Sie gehen weit über das Maß der üblichen Wiederholungs- und Nachahmungslust bei kleinen Kindern hinaus.)

Jede längere Unterbrechung der Beziehung von Mutter und Kind hat eine Störung des seelischen Gleichgewichts zur Folge. Die Infektionsanfälligkeit erhöht sich, ohne dass hygienische Faktoren dafür ausschlaggebend sind. (Das ist auch der Grund dafür, dass ein Kind bei einem Aufenthalt im Krankenhaus Verbindung mit seiner Mutter hält.)

Eine Trennungsempfindlichkeit besteht für das Kind von der Mitte des ersten Lebensjahres bis zum zehnten Lebensjahr. Sie kann unter bestimmten Voraussetzungen katastrophale Folgen haben.

Fachleute ziehen daher folgende Konsequenzen, die hier sinngemäß wiedergegeben werden:

- Jede überflüssige Trennung von Mutter und Kind ist zu vermeiden.
- Vom Arzt verordnete Erholungsfreizeiten sollen, wenn irgend möglich, gemeinsam mit der Mutter verbracht werden.
- Leichte Erkrankungen sollten zu Hause auskuriert werden.
- Bei Verletzungen des Kindes sollte die Mutter nach Möglichkeit mit im Krankenhaus sein. Das Kind wird auf diese Weise schneller gesunden und kann früher entlassen werden. Die Ängste werden erheblich reduziert.
- Wiederholte Verlegungen in andere Heime müssen vermieden werden.
- Mütter kleinerer Kinder sollen nicht gezwungen werden, ganztägig zu arbeiten.
- Mütter, die erwerbstätig sein *müssen,* sollten so gut wie möglich unterstützt werden.

Fachleute warnen auch vor unüberlegten Frühehen, deren Opfer unvermeidlich die Kinder sind, die abwechselnd bei Eltern, Tanten, Großeltern und Nachbarn bleiben müssen.

Fassen wir zusammen: Es kommt zu weniger Verlassenheitsängsten, wenn kleine Kinder nicht im Stich gelassen werden, sondern bei der Mutter bleiben können, zumindest aber eine gleich bleibende Beziehungsperson zur Verfügung haben.

Angst und psychische Sicherheit

Forschungen machen deutlich: Die ersten drei Lebensjahre sind für die psychische Sicherheit entscheidend, sind der Schlüssel für Gesundheit und Lebensglück, entscheiden darüber, wie ängstlich oder selbstbewusst der heranwachsende Mensch sein Leben meistert.

Was ist der Grund für unser unterschiedliches Verhalten und Erleben? Warum spiegeln die einen eine enge und tragfähige Beziehung zu anderen Menschen wider und haben eine mehr oder weniger ausgeglichene Seelenlage, während die anderen eine psychische Unsicherheit widerspiegeln, ängstlich denken und handeln und Beziehungsprobleme haben?

Die Wissenschaftler Grossmann – ein Ehepaar – haben sich lange Zeit mit der Frage beschäftigt, unter welchen Bedingungen »psychische Sicherheit« entsteht und welche Faktoren »psychische Unsicherheit« hervorrufen. Ihre Ergebnisse haben sie in einigen Kernaussagen formuliert.

Demnach entsteht »psychische Sicherheit« aus menschlicher Zuneigung. Der enge Kontakt zwischen dem Säugling und seiner wichtigsten Bezugsperson legt den Grundstein für spätere psychische Sicherheit oder Ängstlichkeit und Unsicherheit.

Der Mensch hat von Geburt an ein biologisches Bedürfnis nach Bindung. Wenn er diesem Verlangen Ausdruck verleiht – durch Weinen, Rufen, Anklammern, auch Protestieren –, weckt er bei der Bezugsperson das Bedürfnis nach Zuwendung und Schutz.

Wird auf das Bindungsverhalten des Kindes durch feinfühlige Reaktionen der Betreuungsperson reagiert, wird es weder manipuliert noch bevormundet, dann erlebt das Kind eine »sichere Bindung«. Es wird später eher angstfrei und selbstbewusst durchs Leben gehen.

Die Wissenschaftler sprechen von einem *»unsicher-vermeidenden«* Verhalten bei einem Kind, wenn es seiner Bezugsperson nicht zeigt, dass es Angst hat oder unter Trennungsschmerz leidet. Diese Kinder stehen unter erheblichem Stress, denn sie tun so, als sei alles in Ordnung.

Die Wissenschaftler sprechen von einer *»unsicher-ambivalenten«* Angstbindung, wenn Kinder mit einer Bezugsperson aufwachsen, von der sie nie genau wissen, wie sie reagiert. Die Liebe der Bezugsperson ist unberechenbar. Mal wird das Kind mit Liebe überschüttet, mal wird es im Stich gelassen. Diese Kinder schreien, klammern sich an, sind schwer zu beruhigen und werden aggressiv.

Die Wissenschaftler sprechen weiter von *»desorientierter Bindung«*, wenn Kinder in Konfliktsituationen erstarren. Sie sind dermaßen von Belastungen überwältigt, dass sie nicht mehr wissen, wo es noch Sicherheit gibt.

Kinder lernen in den ersten Jahren bestimmte Beziehungsregeln, die ihr späteres Leben mehr oder weniger bestimmen. Im Kindergarten, in der Schule, in der Pubertät und als junge Erwachsene verhalten sich »psychisch sicher« aufgewachsene Kinder insgesamt sozialer, bindungssicherer und weniger aggressiv. Angst und Ängstlichkeit sind bei ihnen reduziert. Wie kommentiert es Ursula Nuber: *»Sie erbringen bessere Leistungen, suchen in schwierigen*

Situationen Unterstützung bei anderen, haben mehr Selbstvertrauen. Und sie sind als Erwachsene gesünder. So ist die Wahrscheinlichkeit, eine psychische oder psychosomatische Erkrankung zu entwickeln, für jene Menschen um das 5- bis 20-fache erhöht, deren frühe Kindheit stark belastet war.«[2]

Psychische Sicherheit ist das Gegenteil von Angst und Unsicherheit. Verlässliche Erzieher, die das kleine Wesen ernst nehmen, es nicht verwöhnen, überbeschützen und die Autonomie des Kindes respektieren, bieten den besten Schutz für den späteren Erwachsenen, der ein weitgehend seelisches Gleichgewicht, ein gesundes Selbstwertgefühl und Selbstvertrauen demonstriert.

Ein Hauptfaktor für gesundheitliche und psychische Probleme bei den künftigen Erwachsenen ist die »emotionale Vernachlässigung«. Sie beinhaltet:

- Das Kind wird von seinen engsten Beziehungspersonen ignoriert.
- Das Kind wird abgelehnt oder abgewertet, indem ihm negative Eigenschaften zugeschrieben werden.
- Das Kind wird überfordert, überbehütet oder in seinem Erkundungsdrang eingeengt.
- Das Kind wird zur Befriedigung eigener Bedürfnisse missbraucht.
- Das Kind wird nicht angemessen gefordert, ihm werden kindgerechte Erfahrungen verwehrt.

Psychische Belastungen führen zu Einschränkungen und biologischen Störungen. Die Ausschüttung von Stresshormonen wird gefördert. *»Angst, Stress, Überreizung und Überforderung behindern die Herausformung komplexer Verschaltungen im kindlichen Gehirn«*, erklärt der Hirnforscher Gerald Hüther.[3]

Wie kann sich Lebensangst entwickeln?

Wahrscheinlich beginnt unser Erdendasein mit Angst. Wenn der Säugling vor Angst aufschreit, ist die Geburt abgeschlossen. Das Leben beginnt mit einem Schreck und einem Schrei. Und die ängstigenden Einflüsse setzen sich fort. Für den Säugling erscheint die ganze Welt Angst einflößend. Der sichere Pol, der bergende Hort ist die Mutter. An sie klammert sich der Säugling. Die Trennung von der Mutter ist daher auch die schlimmste Bedrohung. Trennungsangst, Dunkelangst, viele Kinderängste und Verlassenheitsängste können hier entstehen.

Wie sieht der Weg in die Lebensangst aus?

Das Kind lernt sich zu drücken. Der erwachsene Mensch weicht den Lebensaufgaben aus, überlässt sie anderen. Der Mensch *benutzt* seine Angst, um vor Aufgaben, Wegen, Freundschaften und Bindungen, vor Menschen und vor der Verantwortung zu fliehen.

Da ist eine junge Frau. Sie ist von der Mutter verwöhnt, betreut, verplant, gelenkt und geleitet worden. Das Kind und die spätere junge Frau haben immer mitgespielt, und so ist die Tochter nun unselbstständig und lebensängstlich geworden. Sie traut sich nichts zu. Keine Entscheidung wird von ihr allein verantwortet. Als die Mutter plötzlich stirbt, ist sie hilflos, lebensuntüchtig und überängstlich. Sie kommt in ein Heim und muss begleitet, betreut und angeleitet werden. Erst nach zwei langen Jahren der Betreuung, der Therapie und der Seelsorge ist sie in der Lage, einigermaßen selbstständig ihr Leben zu meistern.

Angst und Rollenzuweisung

Kinder bedürfen der liebevollen Zuwendung durch die Bezugspersonen, um seelisch wachsen zu können. Der Wunsch, geliebt zu werden, ist ein Grundbedürfnis des Menschen.

Kinder, die sich nicht geliebt fühlen, verkümmern seelisch, entwickeln kein Urvertrauen und keinen Lebensmut, spiegeln Angst und Unsicherheit wider, dürsten nach Liebe und Selbstbestätigung.

Eltern, die nur sich selbst im Auge haben, sehen Kinder oft als Eigentum an. Die Bestimmung des Kindes liegt für sie darin, der elterlichen Selbstbestätigung zu dienen. Das Kind soll etwas Besonderes sein, es soll den Eltern zur Ehre gereichen.

Was aber geschieht in so einem Fall wirklich?

- Kinder werden dressiert,
- Kinder werden in Rollen gedrängt,
- Kinder werden zum Prestigeobjekt von Eltern,
- Kinder werden narzisstisch missbraucht,
- Kinder sollen den Idealvorstellungen der Eltern entsprechen.

Nur wenn Kinder sich von ihren Bezugspersonen vorbehaltlos angenommen fühlen, können sie ein gesundes Selbstbewusstsein und Selbstvertrauen entwickeln. Selbstbezogene Eltern können diese Voraussetzungen kaum erfüllen, denn sie akzeptieren das Kind lediglich, wenn es ihre Erwartungen erfüllt und wenn es lernt, eigene Wünsche und Bedürfnisse zurückzustellen. Das bedeutet, das Kind muss sich unterordnen und fügen, sonst gerät es in eine negative Sonderrolle. Das Kind lernt, innerhalb der Familie eine bestimmte Rolle zu spielen. Es wird

- zum Opferlamm der Familie,
- zum Friedensengel,
- zum Clown,
- zum Wunderkind,
- zum ewigen Baby,
- zum Idealpartner von Mama oder Papa,
- zum Sündenbock,
- zum Schurken,
- zum Märtyrer.

Das Kind wird zur Attrappe und spürt das auch. Es fühlt sich nicht ernst genommen und geliebt. Unzufriedenheit und Angst sind die Kennzeichen seines späteren Lebens. Das Kind steckt wie in einem Korsett. Die natürlichen Lebensbedürfnisse sind abgeklemmt. Aus Angst, nicht zu genügen, können solche Kinder als Erwachsene zu tragischen Figuren werden.

Angst und Zugehörigkeit

Der Schweizer Arzt und Therapeut Paul Tournier beginnt eines seiner Bücher mit dem Eingeständnis eines Studenten, mit dem er sich freundschaftlich verbunden fühlt: *»Im Grunde suche ich nur einen Ort der Zugehörigkeit.«*

Paul Tournier kommentiert dies so: *»Jene Worte wurden für mich der Ausgangspunkt zu eingehendem Nachdenken. Wenn der Ausspruch jenes Freundes mich so stark beeindruckt hat, so zweifellos deshalb, weil ich über sein Leben einiges wusste. Er war das einzige Kind aus einer sehr frommen Familie. Aber die Eltern lebten in Unfrieden miteinander. Ein Kind, zwischen dessen Eltern keine Harmonie besteht, ist immer angsterfüllt; diese Angst steigert sich jedoch beträchtlich, wenn der Familie der Stempel hoher moralischer Tradition anhaftet* *und die Sittenverstöße folglich in starkem Gegensatz zu den zur Schau getragenen Überzeugungen stehen.«*[4]

Tournier zieht folgende Konsequenzen:

- Das Kind versucht vergeblich, die Eltern zu versöhnen.
- Der Junge hat Mitleid mit der Mutter und steht gegen den Vater.
- Diese Ambivalenz, dieses Gespaltensein der Seele, diese gegensätzlichen Gefühle von Sympathie und Antipathie zerreißen den Jungen. Die Scheidung der Eltern verursacht später Arbeitsunlust.
- Der junge Mann fühlt sich ausweglos blockiert.

Der junge Mann sucht Hilfe im Glauben, er sucht Geborgenheit, er sucht Zugehörigkeit. Denn ohne Zugehörigkeitsgefühl versinkt der Mensch in Resignation, fühlt sich ausgestoßen und ausgeschlossen und erlebt seine Entwurzelung.

Die Familie ist der Ort, wo sich der kleine Mensch zugehörig fühlt. Die Familie ist der Ort der Geborgenheit. Die Familie vermittelt ihm in erster Linie Lebensmut, Selbstvertrauen und das Gefühl: Ich gehöre dazu! Wer dieses Zugehörigkeitsgefühl als Kind erfahren hat, wird sich im späteren Leben auch weitgehend zugehörig fühlen.

Angst und Stress

Die Verbreitung der Angst hat auch mit Stress zu tun. Chronischer Stress kann auf Dauer Gesundheitsschäden verursachen. Er führt zu gesteigertem Blutdruck, verstärkt das Infarktrisiko, fördert das Risiko für Schlaganfälle, schwächt die Immunabwehr, lässt den Blutzuckerspiegel steigen.

In unserer Gesellschaft nimmt der Stress zu, und so ist

es kein Wunder, dass immer mehr Menschen unter Angst leiden. Unsere Zeit ist hektisch, schnelllebig und unsicher geworden. Ich denke, es ist uns allen klar, dass auch die unterschiedlichsten Ängste zugenommen haben.

Negativer Stress ist *eine* Ursache für das Entstehen von Angst. Das lateinische Ursprungswort von Angst – sicherlich auch eine Begleiterscheinung von großem Zeitdruck – lautet *»angustiae«* und bedeutet »Enge« oder »Knappheit«, ein Gefühl, wie man es von Asthma kennt. Häufig resultiert diese »Enge« tatsächlich daraus, dass zu viele Anforderungen auf uns lasten, uns das Atmen schwer fällt oder dass Angst uns einengt.

Negativer Stress bedeutet:

- *Über*anstrengung,
- *Über*belastung,
- *Über*forderung,
- *Über*treibung
- und *Über*ehrgeiz.

Gerade das »Über« verrät das Krankhafte. Es stört, verzerrt, bedroht und macht krank.

Hinter der Überforderung versteckt sich die Angst: Ich genüge nicht, die anderen sind tüchtiger und erfolgreicher. Um mithalten zu können, muss ich mich doppelt anstrengen.

Angst und falscher Ehrgeiz sind zerstörerische Triebfedern.

Wenn die Grundlage entzogen wird

Mit dem Problem der Angst hat sich auch der Amerikaner John B. Watson, der Begründer des Behaviorismus (Verhaltenspsychologie), beschäftigt. Bei Experimenten mit Kleinstkindern fand er heraus, dass es besonders zwei Phänomene sind, die beim Kind Angst auslösen:

1. Ein lautes Geräusch,
2. der Verlust der Unterlage.

Schon im Alter von zwei Monaten zeigt das Kind hilflose Gebärden der Angst, wenn es ein starkes Geräusch hört und wenn man es von seiner Unterlage weghebt, denn dadurch wird der Anschein erweckt, als ob man es fallen ließe.

Daran können wir sehen: Es geht um die Basis, um die Grundlage unseres Lebens. Wird uns der Boden – also gleichsam die Unterlage – entzogen oder erleben wir, dass der Boden wackelt, reagieren wir unwillkürlich mit Angst.

Ericson spricht von Urvertrauen. Ein Kind, das Urvertrauen hat, das sich rückhaltlos vertrauend und hingebungsvoll an seine Mutter klammern kann, das sich in dieser Welt geborgen fühlt, hat weniger Angst als andere Menschen. Haben wir dieses Urvertrauen nicht genießen können, werden wir verunsichert, und es kommt zu Angst.

Nach Sigmund Freud wurzelt jede Angst im Vorgang der Geburt und der damit verbundenen Trennungsangst des Kindes, das sich vor Liebesentzug oder dem Verlust der Mutter fürchtet. Dabei können im Laufe der menschlichen Entwicklungsphase bestimmte Ängste als Begleiterscheinungen des Individuationsprozesses auftreten, oft ausgelöst durch Verlust der Geborgenheit und des Vertrauens, durch Überforderung und Frustrationen. Angst wird auch immer von einer deutlichen vegetativen Symptomatik begleitet (Zwänge, Phobien, Herz- und Magenerkrankungen, Asthma). Doch ist das Ergebnis solcher Entwicklungen keineswegs nur der verängstigte, sondern genauso der aggressive Mensch, denn Angst kann, um sich Luft zu machen, auch in Aggression umschlagen.

Sind die ersten fünf Lebensjahre tatsächlich entscheidend?

Sigmund Freud war der Meinung: *»Es scheint, dass Neurosen nur in der ersten Kindheit (bis zum sechsten Lebensjahr) erworben werden, wenn auch ihre Symptome erst viel später zum Vorschein kommen mögen.«*[5]

Diese Formulierung hat Generationen von Psychologen, Ärzten und Lehrern beeinflusst. Professor Dr. Borwin Bandelow von der Psychiatrischen Universitätsklinik in Göttingen, einer der weltweit führenden Angstforscher, bestreitet die Ausschließlichkeit solcher Behauptungen. Bei ihm heißt es: *»Wie steht es nun um den Wahrheitsgehalt dieser Annahmen? In unserer Untersuchung zu den seelischen Traumata in der Kindheit gingen wir auch dieser Frage nach. Da wir sämtliche traumatischen Ereignisse von der Geburt bis zum 15. Lebensjahr erfassten, konnten wir auch nachprüfen, ob Erlebnisse in den ersten Jahren überhaupt mehr Schaden anrichten konnten als Ereignisse in späteren Lebensjahren. Zu unserer Überraschung war dies aber nicht der Fall. Es war also egal, ob der schädliche Einfluss im vierten oder im neunten Lebensjahr auftrat. Auch alle anderen Untersuchungen zu diesem Thema konnten nicht zeigen, dass die ersten fünf Lebensjahre wichtiger sind als die folgenden. Nichtsdestotrotz muss man festhalten, dass die unglaublich weit verbreitete Ansicht, dass belastende Ereignisse in den ersten fünf bis sechs Lebensjahren wichtiger sind als spätere Schädigungen, in den Bereich der Gerüchteküche gehört, zumindest was Angstpatienten angeht.«*[6]

Das heißt nun aber keineswegs, dass die Kindheit im Elternhaus für Ängste, Erziehungsfehler und sämtliche Komplikationen keine Rolle spielt, sondern lediglich, dass die Bedeutung der ersten fünf Lebensjahre erheblich eingeschränkt werden muss. So müssen Trennungsängste im Erwachsenenalter nicht grundsätzlich mit schweren Trennungserlebnissen im Kindesalter zusammenhängen.

Noch einmal Borwin Bandelow: *»Die übergroße Angst von Angstpatienten, dass sich ihr Partner von ihnen trennen könnte, ist im Wesentlichen nicht darauf zurückzuführen, dass sie schon früher oft von ihren Eltern verlassen worden sind, sondern scheint auf eine anlagebedingte Neigung zu Trennungsängsten hinzuweisen.«*[7]

Entscheidend ist: Viele Faktoren spielen bei Angststörungen eine Rolle. Unter anderem Traumata, Erziehung, Geburtsschäden, aber auch die Vererbung. Bandelow geht davon aus, dass Panikstörungen nicht nur abgeschaut und nachgemacht werden, sondern dass »Panikstörungen mit den Genen übertragen werden« können. Die Untersuchungen der Neuropsychologie und der Neurobiologie bestätigen, dass ein anlagebedingter Angstfaktor angenommen werden muss.

Angst ist angeboren

Eine weitere wichtige Theorie, die Entstehung von Angst zu erklären, ist die *Lerntheorie*. Diese Richtung geht davon aus, dass krankhafte Ängste das Ergebnis eines fehlerhaften Lernprozesses sind. Wenn aber Ängste durch fehlerhaftes Lernen entstehen, dann können sie selbstverständlich auch verlernt und abtrainiert werden.

Die Lerntheoretiker fanden heraus, dass erwünschtes Verhalten belohnt und falsches Verhalten bestraft werden kann. Mit verschiedenen Tieren wurde erfolgreich experimentiert und die Ergebnisse auf den Menschen übertragen. Menschen mit starken Angststörungen wurden massiv mit angstauslösenden Situationen konfrontiert, »um durch flooding«, also durch eine Überflutung, die Angststörung zu kurieren.

Die Lerntheorie ging ursprünglich davon aus, dass Ängste erlernt sind. Heute weiß man aber, dass Höhenphobien, Spinnenphobien, Schlangenphobien, Agoraphobien und ähnliche Phobien in der Regel nicht erlernt und durch traumatische Erlebnisse in Kindheit und Jugend entstanden sind.

Ob Professor Bandelow allerdings den Stein der Weisen gefunden hat, ist sehr fraglich. Er schreibt: *»Relikte aus grauer Vorzeit verfolgen uns also bis heute. Spinnen, Insekten, Katzen, Vögel, Schlangen, enge Räume, Gewitter, Sturm, tiefes Wasser, Dunkelheit – was haben diese Dinge gemeinsam, dass ausgerechnet sie Phobien auslösen und andere Dinge nicht? In der Urzeit, als unsere Vorfahren in einem Gebiet lebten, das heute Äthiopien entspricht, gab es Gründe, vor diesen Dingen Angst zu haben. (...) Nur Menschen, die diese Ängste in den Genen mit sich tragen, pflanzten sich über die Jahrtausende fort.«*[8]

Bandelow ist der Meinung, dass es sich bei Phobien um »Urängste« handelt, dass vermutlich jeder Mensch diese vorprogrammierten Ängste hat. Er ist der Überzeugung, dass es wissenschaftliche Beweise gibt, dass »bestimmte Ängste angeboren sind«, dass bestimmte Bilder oder Situationen von Geburt an unauslöschlich in unserem Hirncomputer eingebrannt sind und dass diese angeborenen Ängste überwunden werden können.

Es bleiben aber einige Fragen offen:

- Wie kommt es zur Ausbildung von krankhaften und übertriebenen Ängsten, wenn doch alle Menschen diese Ängste überliefert bekommen?
- Warum nehmen sie bei manchen Menschen krankhafte Formen an und bei anderen nicht?

- Wie ist es zu verstehen, dass angeborene Ängste, die bereits überwunden waren, plötzlich wieder zu einem Problem werden können?

Liegt es an fehlerhaften Lernvorgängen, wie die Lerntheorie behauptet, oder besteht bei bestimmten Menschen eine höhere Sensibilität und darum eine erhöhte Angststeigerung?

Die Theorien über die Entstehung von Ängsten und Angststörungen sind vielfältig. Es muss aber klar gesagt werden: Eine angstfreie Erziehung ist unmöglich. Und selbst wenn Eltern viele Fehler in der Erziehung und bei der Sozialisation ihrer Kinder gemacht haben, sie sind geschehen und nicht mehr reparabel. Die Eltern sind in der Regel nicht in der Lage, etwas wieder gutzumachen. Wenn die Störungen auftreten, sind die Kinder vermutlich längst erwachsen und haben das Haus verlassen. Sie sind für ihr Leben selbst verantwortlich und hoffentlich reif genug, an ihren Defiziten, Schwächen und Ängsten zu arbeiten.

Aus diesem Grund befasst sich ein Kernteil des Buches auch mit *Schritten aus der Ausweglosigkeit*. Was kann der Betroffene tun, um seine Ängste zu verringern?

Ganz sicher spielen Lernprozesse eine wichtige Rolle. Aber augenscheinlich spricht vieles dagegen, dass ein Mensch mit einer leeren Festplatte zur Welt kommt und alle Ängste die Folge eines schief gelaufenen Lernprozesses sind.

Wie hängen Angst und Ärger zusammen?

Angst und Ohnmacht lösen Ärger und Wut aus. In der Eheberatung und Eheseelsorge begegnen mir immer wieder Männer und Frauen, die wütend und aggressiv reagieren, weil ihre Angst nicht ernst genommen wurde. Welche Ängste äußern diese Betroffenen?

- Angst, nicht ernst genommen zu werden,
- Angst, übersehen zu werden,
- Angst, an die Wand gespielt zu werden,
- Ohnmacht, eingeschränkt zu werden,
- Ohnmacht, unterdrückt zu werden.

Angst ist der Glaube, dass etwas Unangenehmes passiert, dass etwas misslingt.

Angst ist die Befürchtung, nicht geliebt, nicht geachtet, nicht wertgeschätzt zu werden.

Viele Ehepartner versuchen, ihren Ärger – der natürlich nicht immer vermieden werden kann – mit allen Mitteln zu verstärken. Wenn ein Partner das Problem abwiegeln möchte, wird der andere erst recht ärgerlich.

Sie sagt: »Warum ärgerst du dich denn? Das sind doch Kleinigkeiten! Ich habe es nicht so gemeint, vergiss es doch!«

Er: »Ich will es aber nicht vergessen. Außerdem sind es keine Kleinigkeiten. Und ich will mich auch ärgern!«

Sie gießt Öl ins Feuer, und er verbrennt dieses Öl umso leidenschaftlicher.

- Männer und Frauen, die Probleme *abwiegeln*, nehmen den Partner nicht ernst;
- Männer oder Frauen, die *Überlegenheit demonstrieren*, erdrücken den Partner und schüren seine Ängste;
- Männer und Frauen, die Probleme *bagatellisieren*, setzen sich über Bedürfnisse, Wünsche und Kritik des Partners hinweg.

Liebe beinhaltet auch:

- Ich nehme die Ängste und die Befürchtungen des Partners ernst.
- Ich greife die Vorbehalte, die Ohnmacht und die Minderwertigkeitsprobleme sachlich auf.
- Ich spreche partnerschaftlich Unterlegenheitsgefühle, Unsicherheit und Minderwertigkeitsgefühle an.
- Ich verringere die Angst.

Von der »Trotzmacht des Geistes«

Über die Wechselbeziehungen zwischen Anlage und schöpferischer Gestaltung hat der verstorbene Psychiater Victor E. Frankl eine für den Menschen einleuchtende und überzeugende Antwort gegeben: *»Ist denn der seelische Charakter eines Menschen nicht angeboren? Und gar erst der leibliche, der Körperbau-Typus, ist ihm der Charakter nicht schicksalhaft verbunden? Nun, wer so spricht, beweist damit nur, dass er über die Psychologie, Biologie und Soziologie, also über den seelischen, leiblichen und gesellschaftlichen Bedingt- und Gegebenheiten menschlichen Daseins, das spezifisch Menschliche vollends verkennt. Denn Menschsein im eigentlichen Sinne fängt ja dort überhaupt erst an, wo der Mensch über alle Bedingtheit irgendwie auch schon hinaus ist, und zwar kraft dessen, was man die Trotzmacht des Geistes nennen darf.«*[9]

Was heißt das im Einzelnen?

Vererbung und Anlage sind zwar mächtig, aber nicht allmächtig. Der Geist ist es, der letztlich den Charakter formt.

Wer sich auf Anlage und Vererbung beruft, denkt fatalistisch und neurotisch. Frankl meint dazu: *»Und damit stehen wir vor einer typisch neuzeitlichen Verhaltensweise, nämlich dem Fatalismus, also dem Aberglauben an die Mächtigkeit des Schicksals.«*[10]

Wer sein Schicksal für besiegelt hält, wird außerstande sein, es zu besiegen.

Der Mensch hat Triebe, aber die Triebe haben nicht den Menschen. Der Mensch kann seine Triebe beherrschen, im Gegensatz zum Tier. Der Mensch hat bestimmte Eigenarten und Eigenschaften, aber er ist ihnen nicht willenlos ausgeliefert. Veränderungen sind möglich.

Wir haben es in der Hand, was wir aus uns machen und machen lassen. Persönlichkeitsstrukturen sind kein unverrückbares Schicksal. Fehler, Sünden und schlechte Gewohnheiten können wir ablegen. (Doch Vorsicht! Das heißt nicht, dass wir eine Persönlichkeitsstruktur völlig umstrukturieren könnten. Aus einem Hysteriker lässt sich nun mal keine Zwangsstruktur machen.)

Schon der Apostel Paulus glaubte an die Veränderbarkeit des »alten Adam« und an die Korrektur unserer Persönlichkeitsstruktur. Er schrieb nämlich: *»Meine lieben Freunde! Diese Zusagen gelten uns. Wir wollen uns darum von allem rein machen, was Körper und Seele beschmutzt. Wir wollen den Willen Gottes ernst nehmen und uns bemühen, die zu werden, wie er uns haben möchte.« (2. Korinther 7,1)*

Wir haben uns bewusst und unbewusst Verhaltensmuster und Charaktereigenschaften zugelegt, mit denen wir unser Leben meistern. Wir können diesen Persönlichkeitsstrukturen begegnen, sie bearbeiten und Gott bitten, dass er uns bei der Korrektur beisteht.

KAPITEL 3

Angst hat viele Gesichter

Nicht immer benutzen wir den Begriff »Angst«. Wir charakterisieren bestimmte Gefühle und Empfindungen aber häufig mit Umschreibungen, die Ängste und Befürchtungen widerspiegeln.

Schauen wir uns dazu einige Beispiele an:

- *Misstrauen* ist Angst. Wir misstrauen einem Menschen oder einer Organisation.
- *Eifersucht* ist Angst. Wir reagieren neidisch auf den Besitz des anderen oder befürchten, dass wir in unserer Partnerschaft enttäuscht oder verlassen werden können.
- *Gehemmtheit* ist Angst. Wir stehen uns selbst im Wege. Welche negativen Gefühle blockieren uns?
- *Neid* ist Angst. Wir können auf alles neidisch sein und verraten damit, dass wir zu kurz kommen oder uns benachteiligt fühlen.
- *Lüge* ist Angst. Wer lügt, hat Angst, die Wahrheit zu sagen. Er befürchtet Nachteile, Liebesentzug oder Bestrafungen.
- *Minderwertigkeitsgefühle* sind Angst. Wir glauben, unterlegen zu sein, nicht mithalten zu können und in unseren Augen Tüchtigen nicht gewachsen zu sein.
- *Prahlsucht* ist Angst. »Wer angibt, hat's nötig«, sagen wir schnippisch. Der Angeber plustert sich auf, um mehr zu scheinen, als er ist.

- *Pessimismus* ist Angst. Wir glauben nicht an den Erfolg. Wir haben schlechte Erfahrungen gemacht und reagieren mit negativen Erwartungen.
- *Depressionen* sind Angst. Wir reagieren völlig antriebslos, entscheidungsschwach und trauen uns nichts zu.
- *Alkoholismus* ist Angst. Wie sagte der Humorist Wilhelm Busch: »Wer Sorgen hat, hat auch Likör!« Alkohol soll entlasten, Mut geben und Stärke vermitteln. Anders ausgedrückt: Er soll von Ängsten befreien.
- *Kontrollzwang* ist Angst. »Vertrauen ist gut, Kontrolle ist besser!«, soll Lenin gesagt haben. Menschen mit Kontrollzwang wollen sich schützen, wollen herrschen und alles im Griff haben.
- *Perfektionismus* ist Angst. Wir wollen uns nicht blamieren, wollen fehlerlos erscheinen, nicht entblößt werden und unvollkommen dastehen.
- *Sorgen* sind Angst. Wir müssen uns viele Gedanken machen, uns nach allen Seiten absichern, um die Verantwortung selbst in die Hand zu nehmen.
- *Nicht nein sagen können* ist Angst. Wir haben das Gefühl, nicht geliebt und gemocht zu werden, wenn wir einem Menschen etwas abschlagen. Wir wollen aber gut ankommen, beliebt sein und es allen Menschen recht machen.
- *Schweigen* kann Angst sein. Wir trauen uns nicht, unsere Meinung zu sagen. Wir wollen nicht ins Fettnäpfchen treten und jemanden verletzen. Wir schweigen, weil wir feige sind.
- *Feigheit* ist Angst. Wir beziehen keine Stellung. Wir schwimmen mit dem Strom. Wir werden zu Mitläufern.
- *Mutlosigkeit* ist Angst. Für Christen z. B. gehört Mut dazu, am Arbeitsplatz, in der Familie und in der Öf-

fentlichkeit klar und deutlich einen christlichen Standpunkt zu formulieren. Es gehört viel Angstfreiheit dazu, mit Nachteilen zu rechnen und Widerstand in Kauf zu nehmen.

Angst oder die Gedanken bestimmen unsere Gefühle

Angst ist mehr als ein Gefühl. Sie ist eng mit unseren Gedanken verknüpft.

Schon vor zweitausend Jahren hat der römische Kaiser und Philosoph Marc Aurel den Zusammenhang von Gedanken und Gefühlen ausgesprochen: »Der Mensch ist das, wozu ihn seine Gedanken machen.« Das heißt: Meine Gedanken, meine Vorstellungen, meine Erwartungen, meine Hoffnungen und mein Glaube bestimmen mein Leben, bestimmen mein Handeln, bestimmen mein Tun. Sie bestimmen aber auch meine Ängste und Befürchtungen. Ist meine Erwartung schwach, ist meine Hoffnung klein, ist mein Glaube nicht vertrauensvoll, habe ich schwache Erwartungen, praktiziere ich nur kleine Hoffnungen, dann werden mein tägliches Leben und mein Handeln von diesem wenig vertrauensvollen Glauben bestimmt. Das wirkt sich bis in unsere Krankheiten, Krisen und Konflikte aus.

Alfred Adler, der Begründer der Individualpsychologie, drückte es ähnlich aus, wenn er schreibt: *»Nicht die Tatsachen bestimmen unser Leben, sondern wie wir sie deuten.«* Nicht die Dinge, die von draußen kommen, bestimmen über unser Leben, sondern wie wir sie interpretieren, wie wir darüber denken.

Ein Beispiel aus der Seelsorge soll das verdeutlichen. Es handelt sich um ein junges Brautpaar. Die beiden wollen noch in diesem Jahr heiraten. Der Mann ist glücklich und freut sich auf den Tag, doch sie hat Angst. Er schaut auf das Schöne, auf das Beglückende, sie schaut auf die Probleme, die auftauchen könnten. Er hat Hoffnungen, sie hat Befürchtungen. Er erwartet eine harmonische Zweisamkeit, sie erwartet, dass ihr gemeinsames Glück nicht halten wird. Er meint, dass es mit ihnen beiden gut geht, sie glaubt, dass es einfach nicht gut gehen kann.

Sie denkt immer zuerst an das Negative und Schlechte, erwartet ständig Nackenschläge, Widerstände und Pleiten. Die Folgen: Sie denkt nicht nur so, sie verhält sich auch so. Sie spricht klagend und weinerlich. Sie spricht, wie sie denkt. Ängste und Befürchtungen bestimmen ihr Leben. Sie sind das Ergebnis ihrer Vorstellungen.

Mit unserem christlichen Glauben ist es ähnlich. Unser Glaube, unsere Hoffnung, unsere Erwartung und unsere Zuversicht sollen unser Leben bestimmen. Sie bestimmen unser Heil, sie bestimmen unsere Heilung. Dass Christus gestorben und auferstanden ist, ist eine Heilstatsache, wie wir sagen. Aber nicht diese Tatsache bestimmt unser Leben, sondern wie wir sie deuten. Halten wir die Auferstehung von Christus für wahr, dann bekommt sie eine persönliche Bedeutung für unser Leben. Erst die gläubigen Gedanken rufen auch entsprechende Gefühle hervor.

Bei einem amerikanischen Arzt fand ich das schöne Wort: »Durchs gleiche Gitter schauen zwei Männer in die Ferne – der eine sieht Morast, der andere sieht die Sterne.«

Zwei Männer im Gefängnis reagieren grundverschieden auf Tatsachen, auf Stress und Ängste. Der Arzt schreibt weiter: »Den einen trieben die Gitterstäbe zur Verzweiflung, den anderen begeisterten die Sterne. Der bedrückte Gefangene entwickelte Stresssymptome und öffnete sich vielen gefährlichen, vielleicht sogar tödlichen Krankheiten. Eine Untersuchung seines Blutes hätte überdurchschnittliche Mengen schädlicher chemischer Stoffe ergeben. Diese Substanzen werden von Drüsen erzeugt, angeregt durch seelische Reaktionen, durch Bedrücktsein, Bitterkeit, Zorn, Hass und Furcht.«[1]

Krankheiten entstehen nicht immer in erster Linie durch schädliche Substanzen, sie entstehen auch durch falsches Denken.

- Wer Bitterkeit *denkt*, wird bitter.
- Wer gedanklich die *Angst* fördert, wird ängstlich.
- Wer negative *Erwartungen* hat, wird Negatives heraufbeschwören.

Angst und Gewissen

Es gibt viele Christen, die mit einem ängstlichen Gewissen reagieren. Sie leiden unter der Diktatur ihres Herzens bzw. ihres Gewissens. Sie verwechseln das Vollkommenheitsstreben *im Glauben* mit dem *menschlichen* Vollkommenheitsstreben. Das Vollkommenheitsstreben ist aber eher eine Nachäffung der Glaubensvollkommenheit.

Der amerikanische Seelsorger David Seamands schreibt dazu: *»Anstatt uns zu heiligen Menschen und ausgeglichenen Persönlichkeiten zu machen – das heißt, zu ganzen Menschen in Christus –, macht das Vollkommenheitsstreben uns zu geistlichen Pharisäern und Neurotikern.«*[2]

Er zitiert John Wesley, der das folgendermaßen ausgedrückt hat: *»Manchmal wird die hervorragende Eigenschaft, ein zartes Gewissen zu besitzen, bis zum Äußersten strapaziert. Wir finden einige, die sich fürchten, wo nichts zu fürchten ist, die sich ständig ohne Grund selbst anklagen und sich einreden, etwas sei sündig, was die Schrift doch in keiner Weise verdammt, und die andere Dinge jedoch für ihre Pflicht halten, von* *denen die Schrift nichts sagt. Man nennt dies zu Recht ein ängstliches Gewissen, das ist ein schlimmes Übel. Es ist äußerst wünschenswert, dass man ihm so wenig wie möglich nachgibt, vielmehr sollte man darum beten, dass man von diesem schweren Übel errettet wird und wieder einen klaren Verstand bekommt.«*[3]

Das ängstliche Gewissen ist in der Tat ein schlimmes Übel. Diese Christen machen sich selbst das Leben schwer. Das Vollkommenheitsstreben ist eine schwere seelische Belastung. Nichts ist diesen Menschen gut genug. Sie leiden unter der Selbstüberforderung,

- dass sie *mehr leisten,*
- dass sie *mehr beten,*
- dass sie *konsequenter* Jesus nachfolgen,
- dass sie *wahrhaftiger* und *entschiedener* ihren Glauben bekennen müssen.

Sie leiden unter Sünden, die sie nur *gedacht* haben. Sünden machen ihnen zu schaffen, die sie eventuell noch aussprechen oder tun könnten.

Meine Überlegungen werden vielen Christen, die ihren Glauben sehr ernst nehmen, missfallen. Aber ich muss sie hier anführen, weil das hochsensible Gewissen, das immer auch mit Angst verbunden ist, missbraucht werden kann.

Selbstkritik und Selbstanklagen können von Christen geschickt benutzt oder unbewusst eingesetzt werden. Wir stellen sie in Dienst. Wir benutzen sie, um uns selbst herauszustellen. Ein ängstliches und kritisches Gewissen kommt überall gut an. Eine kritische Selbstreflexion wird geistlich hoch bewertet. Tiefstapler sind verkappte Hochstapler. Untertreiber sind versteckte Übertreiber.

Der Erweckungsprediger John Wesley hat Recht: *»Ein ängstliches Gewissen ist ein schlimmes Übel.«*

Angst – gut ist nicht gut genug

Birgit ist zehn Jahre alt und steht bedrückt in der Wohnungstür. Ihre Mutter, die alles sieht, hört und wahrnimmt, schaut sie ängstlich an. Sie weiß, Birgit sollte heute das Diktat zurückbekommen, das sie vor einer Woche geschrieben hat. Mutter und Tochter haben vor der Arbeit viel geübt, haben schwierige Wörter und Sätze gelernt, die im Diktat vorkommen sollten. Birgit hatte dennoch große Angst davor, nach stundenlangem Üben doch noch zu versagen.

Die erste Frage der besorgten Mutter an ihre Tochter Birgit lautet: »Was hat die Arbeit gebracht?«

Birgit ist enttäuscht. Sie sagt: »Nur weil ich zwei lächerlich kleine Fehler gemacht habe, habe ich eine 1 – bekommen!«

Die Mutter nimmt der Tochter das Heft aus der Hand und schaut sich die rot angestrichenen Fehler an. Einmal hat Birgit einen Buchstaben am Ende eines Wortes vergessen. Ein Flüchtigkeitsfehler. Ein anderes Mal hat sie einen Punkt hinter einem Satz vergessen. »Hättest du diese beiden Fehler nicht gemacht, dann hättest du eine 1 bekommen!« Beide sind enttäuscht, können sich nicht freuen.

Was zeigt diese kleine Szene? Ehrgeiz und Perfektionismus

- lassen die Schule zum Albtraum werden,
- machen unglücklich und unzufrieden,
- rufen Angst und Enttäuschung hervor,
- machen Eltern und Kinder fehlerorientiert und nicht erfolgsorientiert,
- vertreiben Leichtigkeit und Lebensfreude.

Zwei sehr unterschiedliche Verhaltens- und Denkmuster begegnen uns häufig bei jungen und erwachsenen Menschen:

Die einen sind
- überehrgeizig und leistungsbewusst,
- energiegeladen und erfolgsorientiert,
- überaktiv und übermotiviert.

Die anderen sind
- motivationslos und energiearm,
- willensschwach und selbstgenügsam,
- inaktiv und passiv.

Diese Darstellung gibt die beiden Pole wieder. Wenn sich das eine Kind überehrgeizig und überaktiv verhält, kann das andere oft motivationslos, energiearm und inaktiv sein. In beiden Typen lebt ein Stück Angst. Die einen müssen aus Angst übermäßig ehrgeizig sein und etwas leisten, die anderen lassen aus Angst ihre Flügel hängen.

Angst und Subassertivität

Der holländische Pädagoge und Theologe Nico van der Voot hat ein lesenswertes Buch geschrieben, das den bezeichnenden Titel trägt: »Warum muss ich immer helfen?«[4] Darin setzt er sich mit Selbstbehauptung und Selbstverleugnung auseinander.

Zwei Begriffe spielen in seinem Buch eine entscheidende Rolle: *assertives* und *subassertives* Verhalten. Der *assertive* Mensch tritt für sich ein, der *subassertive* Mensch reagiert ängstlich, unsicher und ohne Selbstvertrauen. Nico van der Voot spricht als gläubiger Christ und möchte besonders den Christen deutlich machen, dass sie sich selbstbewusst und ohne Aggression zu Wort melden dürfen. Er will seinen Lesern bewusst machen,

- dass sie sich behaupten sollen,
- dass sie sich »assertiv« (sich durchsetzend) verhalten sollen,
- dass sie für sich eintreten sollen,
- dass sie sich Geltung verschaffen sollen,
- dass sie ihre eigenen Wünsche artikulieren sollen.

Der subassertive Mensch aber praktiziert das Gegenteil:

- Er praktiziert soziale Angst,
- er verhält sich unsicher und misstrauisch,
- er traut sich nicht, seinen Wünschen Gehör zu verschaffen,
- er gibt sich scheu, verlegen und zurückhaltend,
- er lässt zu, dass andere Menschen über ihn hinwegtrampeln.

Subassertive Menschen handeln im Grunde verlogen und unehrlich. Sie denken anders als sie handeln. Der subassertive Mensch hat immer das Wohl seiner Mitmenschen im Auge, hält aber seine eigene Meinung zurück. Er vertritt nicht seine eigenen Wünsche und Ansichten. Er schweigt und leidet. Er schweigt, obwohl er eigentlich reden möchte.

Im Grunde ist der subassertive Mensch doppelzüngig. Überall hält er sich zurück,

- aus Angst, anzuecken,
- aus Angst, etwas falsch zu sagen,
- aus Angst, den Kürzeren zu ziehen,
- aus Angst, abgelehnt und zurückgestoßen zu werden.

Was hat er bloß im Leben gelernt, dass er sich so feige und ängstlich zurückhält und im Innern an seiner falschen Bescheidenheit leidet?

Und noch eins: Subassertives Verhalten ist *nicht* christlich, wie vielleicht viele vermuten würden. Es ist unehrlich und zutiefst ungeistlich.

Angst und Ohnmacht

Viele Menschen in unserer Gesellschaft zeigen typische Ohnmachtsgefühle. Sie fühlen sich ohnmächtig

- gegenüber der Ungerechtigkeit der Welt,
- gegenüber dem Terror und dem Krieg,
- gegenüber dem Staat,
- gegenüber der Globalisierung,
- gegenüber der Wirtschaft mit ihren Praktiken
- und auch gegenüber vielen rationalen und irrationalen Erlebnissen.

Schon das kleine Kind erfährt im Zusammenleben mit der Mutter seine Ohnmacht und Hilflosigkeit. Hört die Mutter auf sein Schreien und Rufen, ist die Welt in Ordnung. Wird das Kind aber im Stich gelassen, bleibt es mit seinen Nöten und Gefühlen allein, dann machen sich Ohnmacht und Hilflosigkeit breit, und das Kind reagiert mit Angst.

Wenn es nur hin und wieder passiert, lernt das Kind, mit diesen Frustrationen fertig zu werden. Es soll ja Selbstvertrauen und Selbstbewusstsein entwickeln, und zu einer gesunden Entwicklung gehören die Überwindung von Angst, die Überwindung von Hilflosigkeit und die Stärkung von Selbstwertgefühlen und Selbstvertrauen.

Fühlt sich das Kind aber abgelehnt, nicht ernst genommen und vernachlässigt, dann stellen sich Gefühle der Wertlosigkeit ein. Die anderen sind schneller, tüchtiger, attraktiver und besser. In solchen Fällen kann der Mensch als Heranwachsender oder als Erwachsener Ohnmacht entwickeln

- gegenüber Fehlern und Schwächen,
- gegenüber Disziplin und Sünden,
- gegenüber der eigenen Unzulänglichkeit.

Wie ein roter Faden können sich Ohnmachtsgefühle durch alle Lebensbereiche ziehen. Der Mensch hat das Gefühl, er kann nichts bewirken, ist ohne Einfluss und sieht keine Möglichkeit, etwas zu ändern. Er hat das Gefühl, er steht einer Ehekrise hilflos und passiv gegenüber. Dem Arbeitgeber bzw. dem Vorgesetzten fühlt er sich nicht gewachsen. Bestimmte Aufgaben glaubt der Betroffene nicht zufrieden stellend lösen zu können.

Eine spezielle Reaktion auf solche Ohnmachtserfahrung ist die *Resignation.* Der Mensch gibt sich auf. Er glaubt nicht mehr an sich. Er kommt zu dem schrecklichen Schluss: Es hat sowieso alles keinen Zweck mehr. Selbstmordgefühle und -gedanken schleichen sich ihm durch Herz und Nieren.

Angst und Ohnmacht müssen aber nicht unweigerlich zur Verzweiflung führen, müssen nicht in einer Sackgasse enden. Im Kapitel *»Wege aus der Angst«* biete ich konkrete Hilfen und Wege an.

Angst und Sorgen

Ängstliche Menschen neigen zum Grübeln und machen sich viele Sorgen. Sie ergehen sich in Vermutungen und denken intensiv über Ereignisse nach, die in der Zukunft liegen und wahrscheinlich nie eintreten werden.

Viele Ratsuchende klagen über schlechten Schlaf. Kein Wunder, denn oft kreisen ihre Gedanken auch nachts um irgendwelche Dinge, die ihnen zustoßen könnten. »Was wäre, wenn dies oder jenes einträte?« Sie malen sich ihr Unheil aus und machen sich selbst unglücklich.

»Sie sehnen sich nach überflüssigen Sorgen, nehmen sie in die Arme und hätscheln sie«, schrieb der flämische Ordenspriester Phil Bosmans. *»Sie glauben erst gar nicht, dass die Sonne scheinen könnte, und verkriechen sich frierend im Schatten.«*

Viele Menschen verstehen es meisterhaft, die Sorgen und Probleme von morgen ins Heute zu holen. Wie schrieb der französische Schriftsteller und Philosoph Montaigne: *»Mein Leben war eine Aneinanderreihung von Katastrophen – die sich größtenteils nie ereigneten.«*

Viele Sorgen sind hausgemacht. Sie erscheinen und quälen uns erst, wenn wir uns mit ihnen beschäftigen. Es gibt die ausgezeichnete psychiatrische Regel: »Erhebst du ein Problem zum Problem, bekommst du ein Problem.«

Stellst du Sorgen in den Mittelpunkt, kreist dein Leben um diesen Mittelpunkt. Sorgen lauern dann an allen Ecken, wir müssen sie nur aufspüren.

- Sorgen sind die Angst, zu versagen und zu verlieren,
- Sorgen sind die Angst vor Gewalt, Unglück und Krankheit,
- Sorgen sind die Angst, ob ich drei oder fünf Tropfen gegen Kopfschmerzen einnehme,
- Sorgen sind die Angst, ob ich auch wirklich die Tür zugemacht, den Herd abgeschaltet, das Fahrrad und das Auto abgeschlossen habe.

Viele Sorgenmenschen ertränken ihre Probleme im Alkohol. Erinnern Sie sich noch an das Wort von Wilhelm Busch? »Wer Sorgen hat, hat auch Likör!«

Angst oder die »psychogene Struktur«

Die psychogene Struktur zeigt sich beispielsweise in einer Harnröhrenverengung. Das ist nichts Lebensbedrohliches, aber sie kann das Zusammenleben ziemlich erschweren.

Herr Lehmann ist liebevoller Vater von zwei Kindern, einem Sohn und einer Tochter. Er ist überaus freundlich und zuvorkommend. In der Gemeinde ist er beliebt, ebenso an seinem Arbeitsplatz. Nirgendwo drängt er sich auf, fällt nie unangenehm aus der Rolle.

Aber mit einem Problem wird er nicht fertig: Wenn er im Betrieb mit Kollegen zur Toilette gehen muss, um zu urinieren, überfällt ihn eine merkwürdige Angst. Er kann sein »kleines Geschäft« nicht verrichten, die Harnröhre schließt sich. Er muss, kann aber nicht. Er will, und es funktioniert nicht.

Herr Lehmann hat bereits alle möglichen Tricks ausprobiert: Er wartet, bis alle die Toilette wieder verlassen haben, um dann ungestört sein Geschäft erledigen zu können. Oft sitzt ihm die Angst im Nacken, es könnte unvorhergesehen ein Kollege den Raum wieder betreten.

In den Beratungsgesprächen bitte ich ihn, seiner Angst eine Stimme zu geben, oder anders ausgedrückt, seine Angst einmal sprechen zu lassen. Und er sagt etwa Folgendes: »Wenn ich mich mit anderen Männern vergleiche, habe ich das Gefühl, ich kann nicht mit ihnen mithalten. Seit meiner Kindheit beschleicht mich die Vorstellung, die anderen sind stärker, männlicher und durchsetzungskräftiger als ich.« Er macht eine kleine Pause. »Außerdem habe ich das dumme Gefühl – ich weiß, es ist Unsinn –, ich hätte ein zu kleines Glied!«

Als wir daraufhin auf Ehe und Sexualität zu sprechen kommen, gesteht er, dass er auch unter »sexueller Impotenz« leidet. Die Angst, vor Kollegen zu versagen, trifft auch auf die eigene Ehefrau zu. Er fühlt sich minderwertig und betrachtet diesen Zustand als entehrend und unmännlich.

Die deutsche Sprache hat ein frivoles, aber höchst zutreffendes Wort für den impotenten Mann: Er ist ein »Schlappschwanz«.

Was sind die Motive für Impotenz? Sie müssen im Beratungsgespräch herausgearbeitet werden:

- Sex wird in unserer Gesellschaft überbetont. Er führt bei vielen Männern zur *Selbstüberforderung*. Und die wiederum führt zu Versagensgefühlen.
- *Potenz* ist nicht allgegenwärtig, man kann sie nicht machen. Sie ist eine Macht, die im entscheidenden Augenblick auch schon mal den Dienst verweigert. Potenz ist für den Mann nicht grenzenlos *verfügbar*. Sie ist ein Begleitphänomen der Lust. Wird die Lust aber gedanklich unterlaufen, stellen sich Erektionsschwierigkeiten ein.
- *Impotenz* macht deutlich, dass der Selbstwert des Mannes angeknackst ist. Er fühlt sich als Mann, als Liebhaber und als Partner infrage gestellt.
- *Impotenz* kann auch auf *Perfektionismus* beruhen. Wer Vollkommenheit anstrebt, und zwar auf möglichst vielen Gebieten, macht sich sexuell zum Versager.
- *Impotenz* kann auch als Mittel zum Zweck benutzt werden. Der Partner will seine Partnerin bestrafen. Er will sich nicht zwingen lassen und läuft den Lebensaufgaben davon. Der Impotente flieht in die Ohnmacht, um sich nicht beweisen zu müssen.

- Die *Potenz* kann auch medikamentös beeinflusst werden. Mittel, die den Blutdruck senken, und Antidepressiva verringern beispielsweise die Erektionsbereitschaft. Auch Spritzen, die bei Prostatakrebs verabreicht werden, unterdrücken die Männlichkeitshormone und können Impotenz hervorrufen.
- *Impotenz* entsteht als Folge von Leistungsängsten. Wenn in Gesprächen die Motive und die Hintergrundängste erarbeitet sind, ist es möglich, zu helfen. Impotenz ist in den meisten Fällen heilbar. Leistungsängste, Selbstwertstörungen und übertriebene Erwartungen sind in der Regel die häufigsten Ursachen.

Angst signalisiert eine Beziehungsstörung

Viele Menschen glauben, Angst sei eine Daseinsbedrohung. Das stimmt aber nicht, Angst spiegelt im Wesentlichen Beziehungskonflikte wider. Angst ist das bedrohliche Gefühl, in den Augen anderer Menschen an Wert zu verlieren.

Wie lauten solche Befürchtungen konkret?

- Angst, anderen Menschen unterlegen zu sein;
- Angst, dem Lebenspartner nicht gewachsen zu sein;
- Angst, nicht genügend geliebt zu werden;
- Angst, sitzen gelassen zu werden;
- Angst, im Stich gelassen zu werden;
- Angst, nicht wertgeschätzt zu werden.

Angst hat einen Aufforderungscharakter. Mit Angst appelliert das Kind an die Erwachsenen. Angst ist ein Hilfeschrei. Mit Angst will das Kind dem Erwachsenen signalisieren:

- Lasst mich nicht allein!
- Ich fühle mich unsicher!
- Ich erlebe eine Spannung!
- Ich spüre Unzufriedenheit!
- Ich brauche eure Nähe!

Die Beziehungsstörung kann aber auch durch andere Ängste gefördert werden. Ein Beratungsbeispiel soll das verdeutlichen.

Da ist eine junge Dame von 22 Jahren, die zu mir in die Beratung kommt. Sie leidet darunter, dass alle ihre Beziehungen nach kurzer Zeit zu Ende gehen. Sie sieht für meine Begriffe ausgesprochen hübsch aus, hat angenehme Umgangsformen und zeigt im ersten Gespräch keinerlei Ängste, die eine Beziehung belasten könnten.

Im zweiten Gespräch aber kommen dann ihre eigenwilligen Befürchtungen zur Sprache. Sie hat Angst, völlig durchschaut zu werden, und glaubt, den Partnern nicht zu genügen. Sie redet sich ein, ihre Schulbildung sei nicht ausreichend, ihre Intelligenz sei zu dürftig und ihr Allgemeinwissen sei unterdurchschnittlich.

Beide Eltern sind Lehrer und haben ihr – wie sie sagt – das Gefühl vermittelt, sie müsse schulisch mehr arbeiten, müsse Volkshochschulkurse besuchen und sich ständig fortbilden, um den Ansprüchen der jungen Männer gewachsen zu sein. Ob es wirklich die Eltern waren, die ihr dieses Gefühl vermittelt haben, ist unklar. Die junge Dame hat sich ständig mit Vater und Mutter verglichen, hat die Freundschaften mit Männern und Frauen beobachtet, die die Eltern pflegten, und ist für sich zu einem vernichtenden Selbsturteil gekommen.

Immer wenn die Beziehungen enger wurden, wenn sie mehr von sich preisgeben sollte, verstärkte sich ihre Angst, den Ansprüchen der Männer nicht gewachsen zu sein. Unter den unglaublichsten Vorwänden beendete sie die Beziehungen und litt jedes Mal heftig, wenn sie wieder allein war.

Die junge Dame hatte sich die Angst eingeredet. Von ihren ehrgeizigen Eltern hatte sie eine übertrieben hohe Meinung, von sich selbst aber hielt sie nur wenig. Es waren viele Gespräche über einen längeren Zeitraum notwendig, um diese irrationalen Ängste abzubauen. Sie erlebte, dass der Berater sie wertschätzte, und machte in einer neuen Beziehung die Erfahrung, dass sie ihre Ängste nicht mehr nötig hatte.

Angst und Narzissmus

Der Narziss ist in sich verliebt, kreist ständig um sich, stellt sich und sein Leben in den Mittelpunkt.

Die Angst des Narziss besteht darin, nicht genug *geliebt,* nicht genug *beachtet,* nicht genug *anerkannt,* nicht genug *bewundert* zu werden.

Liebe geht oft verschlungene Wege, aber immer offenbart sich in ihr der persönliche Lebensstil sowie das individuelle Verhaltens- und Denkschema eines Menschen. Das Zauberwort Liebe, das oft mit viel Romantik, Rausch und Ekstase verzuckert wird, entpuppt sich im so genannten rauen Alltag als viel hausbackener und pragmatischer. Die Liebe will nicht nur schenken, sie will vor allem auch *haben.* Dieses *Haben-Wollen* – das zweifellos zu jeder normalen guten Personenbeziehung dazugehört – kann allerdings extreme Formen annehmen.

- Der Partner wird dann *ausgenutzt,*
- der Partner wird dann *missbraucht,*
- der Partner wird dann *degradiert,*
- der Partner wird dann *erniedrigt.*

Je egozentrischer sich ein Partner gebärdet, desto mehr stellt er den anderen in seinen Dienst. Er lässt ihn nicht Partner sein, nicht Lebensgefährte, der gleichwertig mit ihm das Leben teilt. Er benutzt ihn.

Die deutsche Sprache drückt dieses Verhalten mit bemerkenswerter Klarheit aus: Der Mitmensch wird

- zum *Liebes-Objekt,*
- zum *Trieb-Objekt,*
- zum *Lust-Objekt*
- oder zum *Vergnügungs-Objekt.*

Die Beziehung auf dieser Ebene ist völlig versachlicht, ja sie ist im wahrsten Sinne des Wortes *un*-menschlich geworden.

Harry braucht Applaus

Wie *un*-menschlich eine Beziehung werden kann, dafür ist Harry ein Beispiel. Er ist 36 Jahre alt, schon dreimal geschieden und sucht das erste Mal eine Beratung auf, weil ihm Zweifel an seiner eigenen Lebensweise gekommen sind. Fassungslos hatte er dagestanden, als seine Ehefrau eines Tages die Koffer packte und Adieu sagte. Nicht er ließ sie sitzen, sie hatte ihn sitzen gelassen. Dabei war er großzügig wie kaum ein anderer Ehemann, hatte sie mit schönen Sachen verwöhnt und mit teuren Geschenken zufrieden gestellt.

»Ich bin in der Modebranche tätig«, meint Harry. »Da muss man schon großzügig sein. Kleinlich bin ich in keiner Beziehung, auch nicht, was kleine Seitensprünge angeht. Die sehe ich einfach nicht und fertig. Natürlich weiß ich, dass meine Frau ihre Abenteuer hatte. Aber was soll's, ich bin ja schließlich auch kein Kind von Traurigkeit. Wir genehmigen uns kleine Fehltritte, unsere Herzen berührt das in keiner Weise.«

Er spricht über solche Ausrutscher wie über ein Saufgelage. »Das Herz bleibt unbeteiligt und die Seele unberührt.«

Harry hat nie eine innige Herzensgemeinschaft gesucht. Er will bewundert werden, und eine attraktive Frau an seiner Seite kann solchen Lebenszielen nur förderlich und dienlich sein. Kinder hat er keine. »Wissen Sie, Kinder stören die Ehe, das ist meine Meinung. Man wird von ihren kleinen Sorgen und Wünschen aufgefressen, für einen selbst bleibt nichts übrig.«

Ich: »Hat Ihre Frau denn niemals den Wunsch geäußert, Kinder zu haben?«

Er: »Schon. Aber ich habe ihr das ausgeredet. Ich bin das dritte Mal verheiratet. Irgendwie habe ich die falsche Brille aufgehabt. Die Frauen wollten schon, aber ich war der Meinung, die Belastung ist zu groß. Sie waren dann damit einverstanden.«

Ich: »Oder haben sie sich damit abgefunden?«

Er: »Wahrscheinlich kommt das der Sache näher. Kinder wollten sie alle, aber ich habe in dieser Beziehung meine Meinung. Und da bin ich auch hart geblieben, obwohl ich sonst sehr nachgiebig sein kann.«

Harry kann nachgiebig sein, wenn es ums Geld geht. Wenn die Ehefrau schicke Sachen braucht, Pelzmäntel, schicke Schuhe und Kleidung nach dem letzten Modeschrei, dann hat Harry eine offene Hand. Alle seine drei Frauen waren davon entzückt und ließen sich gern *bemänteln*. Die Probleme der Ehe wurden damit buchstäblich *verkleidet*. Denn hinter der pelzgefütterten oder seidigen Fassade sahen die Dinge anders aus.

Harry ist Chefeinkäufer eines großen Modehauses. Er sieht blendend aus, ist im Sommer und Winter braun gebrannt. Im Winter hilft er mit der Höhensonne nach, um sein Image aufzubessern. Seine Anzüge spiegeln den neusten Schnitt wider. Er wechselt sie wie seine Hemden und trägt dazu die erlesensten Krawatten. Er fährt ein großes Auto der Nobelklasse.

Er: »Ein bisschen üppig, ich weiß. Aber in meiner Stellung brauche ich das. Die Kunden müssen den Eindruck haben, das etwas dahinter steckt. Geld besticht. Geld beeindruckt.«

Ich: »Nur ihre zwei geschiedenen Frauen, die waren eines Tages nicht mehr davon beeindruckt, oder?«

Er: »Ja, genau das ist eine Sache, die ich nicht verstehe! Sie haben sich in den neuen Sachen regelrecht geaalt. Ich kam ja billig dran. Immer, wenn Modeschauen gewesen waren, konnte man die Schaustücke, die an zehn Orten vorgeführt worden waren, wesentlich günstiger erwerben. Und so sind die Schmuckstücke drangekommen.«

Ich: »Ich darf das Wort ›Schmuckstück‹ aufgreifen. Was verbinden Sie mit der Vokabel?«

Er: »Meine Frau ist mein ›Schmuckstück‹.« Pause. »Darüber habe ich eigentlich noch nicht nachgedacht. Aber doch, sie ist es wirklich.«

Ich: »Vielleicht lohnt es sich einmal, genauer darüber nachzudenken, was sie mit dem Wort ›Schmuckstück‹ alles verbinden?«

Er: »Das kommt jetzt ziemlich überraschend ... Ich denke dauernd über ausgefallene Sachen nach, über etwas Todschickes, über die Sachen, die super aussehen – ich weiß nicht, ob Sie mich verstehen –, das ist das, was mich fasziniert.«

Ich: »Sie lieben also das Ausgefallene.«

Er: »Ja, es muss schon etwas Besonderes sein. Nur so ein ›ganz hübsch‹ ist mir zu wenig. Ich brauche Spitzenklasse. Die Leute müssen stehen bleiben und hin und weg sein, dann habe ich ins Schwarze getroffen!«

Ich: »Möchten Sie das auch von Ihrer Frau sagen können?«

Er: »Eine Frau muss ein aus dem Rahmen fallendes Schmuckstück sein. Jetzt, wo ich darüber spreche, wird mir das klar.«

Harry ist ein *Narziss*. Er ist ein Mensch, der in sich selbst verliebt ist.

Harry ist ein Karrieretyp. Sein Lebensmotto lautet: »Ich muss bewundert werden. Nur das Außergewöhnliche hebt mich heraus.« Er muss glänzen und im Mittelpunkt stehen. Und dazu sind ihm alle Mittel recht.

Harry ist einmalig. Und er braucht eine einmalige Frau, ein Schmuckstück, das seinen Wert erhöht. Die anderen Menschen sollen vor Neid erblassen, wenn Harry seinen Drachen steigen lässt, wenn Harry sein Schmuckstück vorführt.

Harry braucht eine Frau zum Vorzeigen. Sie ist ein Stück von ihm. Ihr Glanz ist sein Glanz. Die persönlichen Beziehungen sind gleich null. Der Wert einer Frau liegt für Harry allein im Äußerlichen. Er hat sich ein Schmuckstück zugelegt, mit dem er sich dekoriert. Sticht der Schmuck ins Auge und trifft er auf begehrliche Blicke, ist die Welt für ihn in Ordnung. In den Stunden, wo sie gemeinsam im Rampenlicht stehen, wo sie angestaunt und abgeschätzt werden, ist ihre Ehe erträglich. Im Alltag aber, wenn die Zweisamkeit sie umgibt, haben sie sich nichts zu sagen. Sie leben aneinander vorbei. Sie schweigen sich an, gehen sich aus dem Weg. Die teure Garderobe ist zwar ein hübsches Trostpflaster, kann aber auf Dauer die Ehe nicht kitten.

Harry bricht die Beratung nach der achten Stunde ab. »Ich bin scheinbar für die Ehe nicht geboren«, sagt er mir. »Geld will ich gern investieren, mit Gefühlen kann ich aber nicht dienen. Ich verstehe etwas von Mode. Die Liebe ist eine Branche, die ich in meinem Alter nicht mehr erlernen kann.«

Er geht enttäuscht und verbittert. An Ehe, Liebe und

Partnerschaft will er nicht arbeiten. Er kann die Angst, nicht im Mittelpunkt zu stehen, einfach nicht loslassen. Die Angst, auf der Bühne des Lebens nicht glänzen zu können, treibt ihn um. Es überrascht nicht mehr, dass auch seine dritte Ehe geschieden wird.

Angst und Perfektionismus

Perfektionismus ist ein Krebsgeschwür im menschlichen Leben. Er kann alles Wohlbefinden und jegliche Zufriedenheit zerstören, sodass die Lebensqualität leidet.

Auch der Perfektionismus beinhaltet Angst.

- Der Perfektionist will keine Fehler machen.
- Der Perfektionist geht auf Nummer sicher.
- Der Perfektionist will sich nicht blamieren.

Perfektionismus ist eine schmerzhafte Einstellung für die Menschen. Sie streben höchste Normen und Idealvorstellungen an, aber die Ziele sind in der Regel überhöht und nicht erreichbar. Die Folge für die Perfektionisten:

- Sie enttäuschen sich und andere,
- sie leiden unter ihrer Unvollkommenheit,
- sie suchen Sicherheit und die absolute Beherrschung der Lage,
- sie werden von übertriebenen Hoffnungen, von falschen Erwartungen und von hundertprozentigen Lösungen gepeinigt.

Perfektionisten sind Kontrolleure. Sie kontrollieren sich, die anderen und das Projekt, mit dem sie gerade beschäftigt sind. Durch ihre Geradlinigkeit, ihr Pflichtbewusstsein und ihre Prinzipientreue machen sie sich selbst das Leben schwer. Sie wollen vorbildlicher, zuverlässiger, treuer und moralischer sein und erscheinen als andere.

Darüber hinaus ist Perfektionismus ein Liebeskiller. Mit Staub und Unordnung wird auch die Liebe weggeschrubbt. Die Ehe bzw. Partnerschaft hält das nicht aus, sie kommt ins Schleudern. Beide Partner sind ausgelaugt, beide Partner sind erschöpft, beide sind überarbeitet, beide kapitulieren.

Perfektionismus macht depressiv. Es ist signifikant, dass viele depressive Menschen mit Perfektionismus zu tun haben. Depressive Menschen sind geistreich und tiefgründig. Sie wollen z. B. ihren Glauben nicht oberflächlich leben, sondern möchten in den Augen Gottes vollkommen sein. Und was erleben sie?

- Sie haben das Gefühl, nicht genug getan zu haben,
- sie haben das Gefühl, sie müssten mehr leisten und mehr können,
- sie haben das Gefühl, sie gelten nichts und leiden unter einem niedrigen Selbstwert,
- sie haben das Gefühl, dass Schuld, Furchtsamkeit und Selbstverdammung ständig wie ein Damoklesschwert über ihren Häuptern schweben.

Perfektionisten sind auch unzufrieden. Denn je höher sie ihre Ziele setzen, desto tiefer ist ihre Enttäuschung. Perfektionisten sind in der Ehe, im Arbeitsleben, in ihrem Glauben und im zwischenmenschlichen Bereich unzufrieden. Sie wollen perfekt sein, und das erfordert eine enorme Anstrengung.

Zufriedenheit hat mit Frieden zu tun. Der Zufriedene hat Frieden mit sich, mit den anderen und mit Gott. Der Unzufriedene dagegen

- liegt im Streit mit sich,
- liegt im Streit mit anderen,
- liegt im Streit mit Gott.

Er fühlt sich inneren und äußeren Anfeindungen ausgesetzt. Ihm fehlen die innere Ruhe, die Ausgeglichenheit und das »gute Einvernehmen« mit sich, um damit richtig umgehen zu können.

Perfektionisten sind Idealisten. Wenn sie dazu noch Christen sind, versuchen sie, besonders idealistisch zu leben. Ihre Ansprüche an sich und an andere sind riesig.

- Sie können sich Fehler nicht verzeihen,
- sie praktizieren heftige Selbstbeschuldigungen,
- sie wollen alle Leidenschaften niederringen,
- sie reagieren mit übergroßen Schuldgefühlen,
- sie lassen in Partnerschaft, Kindererziehung, im Haushalt und im Glauben nur das Höchste und das Beste gelten.

Solcher Idealismus nimmt den Christen jegliche Freude und macht sie unfroh. Der christlich gesinnte Perfektionist unterzieht sich einem »geistlichen Terror«, der biblisch und geistlich unverantwortlich ist. Er legt sich Lasten auf, die Gott ihm nicht auferlegt hat. Seine Maßstäbe, die er an sich legt, sind überhöht. Werden diese Maßstäbe nicht erfüllt, fällt der Perfektionist in Resignation und Bitterkeit. Die Enttäuschungen sind selbstzerstörerisch.

Idealisten haben eine tiefe Sehnsucht nach Wahrheit und Gerechtigkeit. Idealisten werden von moralischen Höchstwerten angefeuert. Idealisten wollen Musterkinder sein, die alle Erwartungen der Eltern und die Forderungen Gottes erfüllen müssen. Darum üben sie sich in Verzicht und Selbstbeschränkung.

Diese geistlichen Lebenseinstellungen sind eigentlich gut und wertvoll, aber der Teufel ist ein genialer Durcheinanderbringer. Er sorgt dafür, dass aus diesen Idealisten bedauernswerte Pharisäer werden.

Das Vollkommenheitsstreben hat die Menschen schon seit den Zeiten Adams und Evas beherrscht. Adam und Eva hatten im Paradies alles, was sie wollten und brauchten. Aber schon lag der Perfektionismusdrang auf der Lauer. Und die Schlange erkannte die Schwachstelle des Menschen. Sie formulierte den Wunsch der Menschen: *»Aber Gott weiß, sobald ihr davon esst, werden euch die Augen aufgetan, und ihr werdet alles wissen, genau wie Gott.« (1. Mose 3, 5)*

- Sein wie Gott, das ist ein Urstreben des Menschen.
- Sein wie Gott, das hat die ersten Menschen zur Sünde und zum Ungehorsam verleitet.
- Sein wie Gott, das reizt den Menschen, Gott ins Handwerk zu pfuschen.

Angst und Selbstzerfleischung

Es gibt ein wahres und hilfreiches Sprichwort, das lautet: »Gut gekaut ist halb verdaut.« Unser Magen ist das Organ, das alle Dinge *aufnimmt* und *verdaut*. Dazu benutzt er Magensäure. Säure hängt mit *sauer* zusammen. Und so weiß jeder ganz genau, was es bedeutet, wenn ein Mensch sagt: »Ich bin sauer!« Gelingt es ihm dann nicht, diese Aggressionen sinnvoll zu verarbeiten, schluckt er den Ärger stattdessen hinunter, dann somatisiert sich seine Aggression, das heißt, sein Sauersein äußert sich in seiner Magensäure.

Alle Eindrücke, die von draußen kommen, müssen verarbeitet und vor allen Dingen verdaut werden. Das drücken wir damit aus, wenn wir sagen: »Die Geschichte habe ich noch nicht *verdaut*!« – »Wenn ich das Problem mit meinem Vorgesetzten doch schon *verdaut* hätte!«

Schlecht gekaute Nahrung ist für den Magen eine enorme Belastung. Der gereizte und übersäuerte Magen verträgt die Nahrung nicht. Stattdessen wehrt er sich. Kauen ist ein aktives und zupackendes Verhalten. Wer gut kaut, verdaut auch gut. Wer gut kaut, stellt sich seinen Problemen. Wer gut kaut, setzt sich auseinander und *verschluckt* die Konflikte nicht.

Fehlt dieses angreifende, zupackende und verarbeitende Verhalten, das im Kauen ausgedrückt wird, werden die Probleme eben unzerkaut *hinuntergeschluckt*. Sie werden verdrängt, und der Magen muss die Last tragen. Die Angst besteht darin, das wir uns nicht gründlich mit Konflikten und Problemen auseinander setzen wollen. Der Magen soll ausfressen, was wir ihm eingebrockt haben. Er soll die »harten Brocken« verdauen, die wir ihm zugeschoben haben.

Deutlich wird: Der Magenkranke ist oft auch ein Konfliktvermeider. Er schiebt die dicken Brocken, die ihm das Leben serviert, beiseite. Sie landen im Magen-Darm-Trakt, der überfordert ist und mit Krankheit reagiert.

Dass diese Zusammenhänge keine unwissenschaftlichen Gedankenspiele sind, haben uns schon vor Jahrzehnten die Versuche des russischen Forschers Pawlow demonstriert, die er mit Hunden durchführte. Die Magensekretion steht unmittelbar in Verbindung mit unserer Seele. Pawlow fiel auf, dass Hunde, die Futter bekommen, eine messbare Speichel- und Magensekretion aufzeigen. Der Forscher experimentierte dann mit einem Glockenton, der immer zu der Zeit ertönte, wenn dem Tier das Futter gereicht wurde. Später ließ er nur den Glockenton erschallen, und siehe da, der Hund reagierte auch dann mit der beschriebenen Sekretion.

Menschen, die ängstlich Probleme beiseite schieben, die konfliktscheu reagieren, belasten ihren Magen. Und oftmals sind Magengeschwüre die Folge. Beim Magengeschwür wird die eigene Magenwand verdaut. Statt konstruktiv mit Herausforderungen des Lebens umzugehen, werden die Schwierigkeiten verdrängt, nach innen verlagert und dem Magen-Darm-Trakt überantwortet. Der reagiert daraufhin buchstäblich mit *Selbstzerfleischung*.

Konfliktvermeidung und Selbstzerfleischung sind aber auch ein geistliches Problem. Die Leitmotive biblischen Denkens machen uns deutlich, dass wir im Frieden mit dem Nächsten, mit Gott und mit uns selbst leben sollen. Dazu gehört aber, dass wir Unfrieden wahrnehmen, aussprechen und ihn im Gespräch auflösen, sodass Frieden entstehen kann. Dann wird Selbstzerfleischung überflüssig.

Die Regel heißt:

- Nicht schweigen, sondern reden,
- nicht verdrängen, sondern klären,
- nicht herunterschlucken, sondern sich dem Konflikt stellen.

Die Angst hat in der Tat viele Gesichter. Sie versteckt sich hinter vielen menschlichen Problemen. In diesem Kapitel werden Ängste genannt, die den Menschen krank machen und den Organismus gefährlich unter Druck setzen. Sie begegnen uns auf Schritt und Tritt und stören unseren Alltag.

Angst bremst die Aktivität

Wir haben ja schon erfahren, dass Perfektionisten keine Fehler machen wollen. Sie gehen auf Nummer sicher. Perfektionisten wollen fehlerlos sein, daher laufen sie Gefahr, gar nichts zu tun.

Diese seelische Vollkommenheit hat auch Jesus aufs Korn genommen. In knappen Sätzen hat er einmal die Menschen beschrieben, die ihre Gaben und Talente höchst unterschiedlich eingesetzt haben: *»Es ist wie bei einem Mann, der verreisen wollte. Er rief vorher seine Diener zusammen und vertraute ihnen sein Vermögen an. Dem einen gab er fünf Zentner Silbergeld, dem andern zwei Zentner und dem dritten einen, je nach ihren Fähigkeiten. Dann reiste er ab. Der erste, der die fünf Zentner bekommen hatte, steckte sofort das ganze Geld in Geschäfte und konnte die Summe verdoppeln. Ebenso machte es der zweite: zu seinen zwei Zentnern gewann er noch zwei hinzu. Der andere aber, der nur einen Zentner bekommen hatte, vergrub das Geld seines Herrn in der Erde. Nach langer Zeit kam der Herr zurück und wollte mit seinen Dienern abrechnen. Der erste, der die fünf Zentner erhalten hatte, trat vor und sagte: ›Du hast mir fünf Zentner anvertraut, Herr, und ich habe noch weitere fünf dazuverdient; hier sind sie!‹ ›Sehr gut‹, sagte sein Herr, ›du bist ein tüchtiger und treuer Mann: Du hast dich in kleinen Dingen als zuverlässig erwiesen. Darum werde ich dir auch Größeres anvertrauen. Komm zu meinem Fest und freue dich mit mir.‹ Dann kam der mit den zwei Zentnern und sagte: ›Du hast mir zwei Zentner gegeben, Herr, und ich habe noch einmal zwei Zentner dazuverdient.‹ ›Sehr gut‹, sagte der Herr, ›du bist ein tüchtiger und treuer Mann: Du hast dich in kleinen Dingen als zuverlässig erwiesen. Darum werde ich dir auch Größeres anvertrauen. Komm zu meinem Fest und freue dich mit mir.‹*

Zuletzt kam der mit dem einen Zentner und sagte: ›Ich wusste, dass du ein harter Mann bist. Du erntest, wo du nicht gesät hast, und sammelst ein, wo du nicht ausgeteilt hast. Deshalb hatte ich Angst und habe dein Geld vergraben. Hier hast du es zurück.‹

Da sagte der Herr zu ihm: ›Du bist ein Faulpelz und Taugenichts. Wenn du wusstest, dass ich ernte, wo ich nicht gesät habe, und sammle, wo ich nicht ausgeteilt habe, warum hast du das Geld nicht wenigstens auf die Bank gebracht, dann hätte ich es jetzt mit Zinsen zurückbekommen. Nehmt ihm seinen Teil ab und gebt es dem, der die zehn Zentner hat! Wer viel hat, soll noch mehr bekommen, bis er mehr als genug hat. Wer aber wenig hat, dem wird auch noch das Letzte weggenommen werden. Und diesen Taugenichts werft hinaus in die Dunkelheit, wo es nichts als Jammern und Zähneknirschen gibt.‹« (Matthäus 25, 14–29)

Der dritte Verwalter ist ein Perfektionist, und – wie wir schon wissen – Perfektionismus beinhaltet Angst. Der Dritte gibt das auch ganz offen zu.

Aber: Angst bremst, lähmt und macht untätig.

Viele Christen wollen fehlerlos bleiben. Sie können es nur, wenn sie ihre »Gaben vergraben«. Denn wer arbeitet, macht Fehler. Wer arbeitet, macht sich die Hände schmutzig. Wer Geschäfte macht, erlebt Fehlgriffe. Wer sie vermeiden will, der muss diese Erde verlassen.

Gott erwartet, dass wir unsere Talente nutzbringend anlegen. Er überfordert niemanden, aber er erwartet, dass jeder seine Gaben auch einsetzt.

Das eben gelesene Gleichnis lehrt uns, dass der Mensch bestraft wird, der nichts wagt. Gott erwartet Einsatz und Risikobereitschaft.

Der dritte Verwalter ist ein Angsthase:

- Er leidet unter mangelndem Selbstwertgefühl;
- er leidet unter Perfektionismus, er will keinen Fehler machen;
- er hat Angst vor dem strengen Chef, der ihm eine Fehlkalkulation anrechnen könnte;
- er will auf Nummer sicher gehen;
- er will die Gaben und sein Leben kontrollieren;

- er leidet unter einem verschrobenen Gottesbild und unter einem verschrobenen Selbstbild;
- er reagiert mit Angst, die absichert, kontrolliert und alle Aktivitäten lähmt;
- er hat Angst vor Gott, vor dem Leben und Angst, zu versagen.

Wie konnte sich diese Angst im Leben des dritten Verwalters entwickeln? Anders gefragt: Wie kann sich Angst in unserem Leben entwickeln?

Kinder dürfen nicht erleben, dass Gott als Buchhalter-Gott und Willkür-Gott erfahren wird. Gott ist kein Polizist, der jede Kleinigkeit aufschreibt und dann sofort mit einem Strafzettel hinter uns herläuft. Wir als Erziehende müssen uns davor hüten, unseren Kindern ein grausames Gottesbild vor Augen zu malen. Zweifellos ist Gott nicht nur der liebe Gott. Aber wir dürfen das Kindergewissen nicht mit großen Ängsten quälen. Eine Erziehung, die mit Angst operiert, erzieht ängstliche Menschen. Und ängstliche Menschen haben ein ängstliches Gewissen.

- Sie trauen sich nicht,
- sie sichern und kontrollieren,
- sie gehen kein Risiko ein,
- sie reagieren mutlos und inaktiv.

Wer seine Gaben, seine Talente, die ihm anvertrauten Pfunde ungenutzt lässt, wer sie vergräbt, versteckt und sie nicht zum Wohl der Allgemeinheit nutzt, wird von Gott verurteilt. Das ist eine bittere Konsequenz.

- Angst ist keine Entschuldigung.
- Angst ist keine Rechtfertigung.
- Angst kann verringert und abgebaut werden.

Das Gleichnis macht uns aber noch eine weitere Lebensregel von allgemeiner Gültigkeit klar: Wer hat, dem wird gegeben; wer aber nicht hat, dem wird auch das, was er hat, genommen werden. Das bedeutet: Talente und Gaben müssen genutzt und eingesetzt werden. Etwa zum Wohl anderer Menschen. Wer sie brachliegen lässt, setzt sein Leben aufs Spiel.

Das Gleichnis macht uns aber auch Mut, die Gaben, die Gott uns anvertraut hat, im Rahmen unserer Möglichkeiten zu benutzen. Gott ist kein Wirtschaftsboss, der Leute rücksichtslos entlässt, wenn sie nicht effektiv genug arbeiten. Aber das macht er uns auch klar: Angst ist ein schlechter Ratgeber. Angst lähmt unsere Aktivität. Sie muss verarbeitet werden.

KAPITEL 4

Krankhafte Formen der Angst

Deutlich geworden ist: Es gibt *normale* und *gesunde* Ängste, die Gott in unsere Existenz hineinprogrammiert hat. Sie sind zum Überleben und zur Existenzsicherung notwendig. Eine gesunde Portion Angst bewahrt uns vor Leichtfertigkeit. Sie schützt vor Leichtsinn in jeder Beziehung und hilft, uns in unserem Leben in Acht zu nehmen.

Neben den *normalen* gibt es aber auch *übertriebene* Ängste, die als eingebildet und irrational gedeutet werden können, und es gibt *krankhafte* Ängste, die das Leben des Betroffenen erheblich einschränken und das Zusammenleben belasten oder gar unmöglich machen. Von solchen krankhaften Ängsten wird im Folgenden die Rede sein.

Angst und Depression

Die beiden Begriffe Angst und Depression gehören eng zusammen. Depressionen sind ohne Angst nicht zu verstehen. Wir haben ja schon gehört: Angst ist der Schlüssel für die gesamte Psychopathologie – für alle seelischen Erkrankungen.

Depression ist Angst. Wie können die Ängste des Depressiven lauten?

- Angst davor, verlassen zu werden;
- Angst davor, Gott und die Menschen zu enttäuschen;

- Angst davor, nicht mehr mit dem Leben fertig zu werden;
- Angst davor, dem Leben nicht gewachsen zu sein;
- Angst davor, nie mehr gesund zu werden;
- Angst davor, einen Verlust, den Tod eines Angehörigen, eines Freundes oder einer Freundin, das Ende einer Beziehung nicht verschmerzen zu können;
- Angst davor, nicht vollkommen zu sein;
- Angst davor, ein Versager zu sein;
- Angst davor, nicht geliebt, nicht anerkannt und nicht bestätigt zu werden;
- Angst davor, nicht gläubig, nicht moralisch, nicht christlich genug zu sein;
- Angst davor, nicht zu genügen.

Das alles sind Ängste, die uns deprimieren, die uns niederdrücken. Es sind Ängste, die uns betrübt, traurig und schwermütig machen können.

Auch das gilt: Angst wird immer von unverstandenen Zielen, von unbewussten Absichten, von unerkannten Wünschen und Vorstellungen beflügelt. Angst spiegelt meine geheimen Wünsche, meine Gedanken, meine Fantasien und meine Befürchtungen wider.

Um diese Ängste verstehen zu können, müssen wir uns mit verschiedenen Depressionsformen beschäftigen.

Angst und Depression bei Kindern

Viele Schulkinder leiden unter Ängsten. Kinderpsychiater und Kindertherapeuten sprechen bereits vom »Alter der Angst«, wenn es um diese Altersgruppe geht, weil die Depression immer auch mit Angst verbunden ist. Noch nie waren so viele Kinder von Depressionen betroffen wie heute. 15 % – 20 % aller Jugendlichen sollen nach Expertenschätzungen unter einer behandlungsbedürftigen

Depression leiden. Die Dunkelziffer scheint noch höher zu liegen. Viele Depressionen bei Kindern und Jugendlichen werden nicht erkannt, weil Eltern und Erzieher die Symptome falsch deuten.

Wie können sich Depressionen bei Kindern äußern?

- Das Kind ist beim Spielen Außenseiter,
- es zerstört sinnlos Gegenstände,
- es ist wieder Bettnässer,
- es leidet unter chronischen Schlafstörungen,
- es zeigt unerklärliche Verhaltensauffälligkeiten,
- es leidet unter einem gestörten Sozialverhalten,
- es leidet unter Bauchschmerzen und Kopfweh,
- es schlägt seine Lieblingsspielsachen kaputt.

Welche Symptome deuten auf eine kindliche Depression hin? Bei Kleinkindern findet man:

- wenig Interesse an alterstypischen Aktivitäten,
- ein vermindertes soziales Interesse,
- Trennungsängste,
- Essprobleme,
- verstärktes Weinen,
- einen traurigen Gesichtsausdruck.

Es fällt auf, betroffene Kinder sind ernster als andere Kinder. Sie machen sich mehr Gedanken über das Leben und Sterben. Wenn der Hamster stirbt, ein Hund eingeschläfert werden muss oder ein Familienmitglied zu Grabe getragen wird, dann reagieren diese Kinder mit größerer Betroffenheit als andere. Sie sind längere Zeit verstört, liegen nachts wach und denken über die Zusammenhänge nach.

Mir kommt ein siebenjähriger Junge in den Sinn, der in

der Schule in einem kleinen Diktat einige Fehler gemacht hatte. Seine Eltern und Großeltern waren sehr fromme Leute, die gewissenhaft und treu ihr Christsein zu leben versuchten. Ungewollt hatten sie ihren sensiblen Jungen mit Sünden und Fehlern so sehr geängstigt, dass er nach Hause kam und seine Eltern ganz ernst fragte: »Was wird Jesus dazu sagen, dass ich in dem Diktat vier Fehler gemacht habe?«

Diese kleine Geschichte zeigt, dass der hoch sensibilisierte Junge unnatürlich reagiert. Ihm fehlt die kindliche Unbefangenheit. Er nimmt das Leben schwerer als andere. Auf solche Symptome müssen Eltern und Erziehern achten.

Welche Symptome, die auf eine Depression hindeuten, findet man bei Jugendlichen?

- Sie zeigen schulische Probleme,
- sie reagieren mit Konzentrations- und Gedächtnisschwächen,
- sie haben oft Schlafstörungen,
- sie leben sozial isoliert,
- sie zeigen ein renitentes Verhalten,
- sie haben Selbstmordgedanken,
- sie haben Desinteresse an ihrer äußeren Erscheinung,
- sie haben starke Schamgefühle,
- sie sind extrem empfindlich bei Zurückweisungen,
- sie reagieren irrational bei eigenem Versagen,
- sie besitzen ein geringes Selbstwertgefühl.

Grundlegend ist ein *vererbtes* Temperament mit eher depressiven, ängstlichen und abhängigen Zügen. Bei Verwandten werden häufig deutlicher Depressionen und Angststörungen beobachtet. Ein zweiter Faktor sind *belastende Erfahrungen* im Umfeld des heranwachsenden Kindes. Diese können in der Familie, in der Schule oder im Erleben mit Freunden auftreten. Schuldgefühle und Selbstanklagen prägen häufig ihr inneres Erleben.

Vererbung, Umfeld und Erlebnisverarbeitung verdichten sich zur *depressiven* Persönlichkeit. Solche übersensiblen Persönlichkeiten sind dem Stress des Lebens nur begrenzt gewachsen.

Angst und Phobien

Phobien sind übertriebene Angstreaktionen, die hartnäckig sind und als unpassend erscheinen. Der Betroffene hat Angst vor bestimmten Objekten oder Ereignissen, wobei die Wahrscheinlichkeit, dass er dadurch Schaden erleiden kann, äußerst gering ist.

Die Reaktionen sind *übertrieben*. Es ist allerdings schwer zu sagen, wann die Grenze zu »übertrieben« beginnt.

Jemand leidet beispielsweise unter einer *Klaustrophobie*, also der Angst in engen Räumen – z. B. im Fahrstuhl – eingeschlossen zu sein. Der Betroffene kann das Gefühl bekommen, er »platzt«. Fahrstuhlphobiker haben Angst, dass der Fahrstuhl stecken bleibt, dass die Sauerstoffzufuhr ausbleibt, dass keine Hilfe kommt.

Oft werden die Regeln des Verstandes aufgegeben, wenn die Betroffenen versuchen, im Beratungsgespräch ihr Vermeidungsverhalten zu rechtfertigen.

Sehr häufig begegnen wir Spinnenphobien. Eine langbeinige kleine Spinne klettert an der Wand hoch. Menschen mit einer großen Spinnenphobie schreien wie von der Tarantel gestochen auf. Sie rennen ängstlich aus dem Zimmer, als wenn ein Mörder hinter ihnen her wäre. Spinnenphobiker suchen in der Regel ihre Zimmer, Treppen, Schränke und Teppiche gründlich ab, ob sich nicht irgendwo Spinnen verborgen haben. Auch der Keller wird gründlich in Augenschein genommen. Und kleine und große Spinnen werden rücksichtslos getötet.

Was können wir unter »noch normalen« phobischen Reaktionen verstehen?

- Wenn ein mulmiges Gefühl entsteht, weil ein Mensch vom Fernsehturm hinunterschaut,
- wenn der Puls schneller zu schlagen beginnt, weil jemand den Fahrstuhl betritt,
- wenn ein Angstgefühl aufkommt, weil einem im Wald ein grimmig dreinschauender Hund entgegenkommt,
- wenn mir eine Gänsehaut über den Körper läuft, weil an der Zimmerdecke eine drei Zentimeter große Spinne entlangläuft.

Gerade die letzten Beispiele zeigen, dass es sich hier um verständliche, nachvollziehbare und normale ängstliche Reaktionen handelt und nicht um Phobien.

Was kennzeichnet den Phobiker?

Eine Phobie kann durch spezifische Situationen beim Fliegen, durch Tiere (Hunde, Katzen, Vögel, Spinnen), durch Spritzen oder durch Blut ausgelöst werden.

- Die Phobie löst eine Angstreaktion aus und kann von Panikattacken begleitet sein.
- Die Phobie wird vom Betroffenen selbst als übertriebene Angst erkannt.
- Die Situation, in der die Phobie auftritt, wird vom Betroffenen gemieden. Er schränkt seine normale Lebensführung ein und wird sowohl im zwischen-

menschlichen als auch im beruflichen Bereich behindert.
- Die Phobie hält bei Personen unter 18 Jahren mindestens sechs Monate an.

Phobien sind so weit verbreitet, dass man durchaus sagen kann, die meisten Menschen sind mit ein oder zwei Phobien behaftet. Solange sie aber unsere Freiheit, unseren Bewegungsspielraum, unsere Freundschaften und unsere Arbeit nicht ernsthaft beschneiden, sprechen wir auch nicht von übertriebenen Angstreaktionen.

Agoraphobie oder Platzangst

Agoraphobie ist die Angst vor Plätzen und Situationen, wo eine Flucht schwer möglich oder peinlich zu sein scheint. Die *Agoraphobie* gehört mit zu den Angststörungen, die im »DSM IV«, dem diagnostischen und statistischen Handbuch für psychische Störungen, beschrieben werden.

- Ich bin allein zu Haus und kann aus Angst das Haus nicht mehr verlassen.
- Ich befinde mich in einer Menschenmenge und sehe keinen Ausweg, herauszukommen. Ich könnte durchdrehen.
- Ich befinde mich im Gottesdienst und sitze mitten auf einer Bank, auf der etwa 20 Menschen Platz gefunden haben. Plötzlich reagiere ich mit einer Panikattacke.
- Ich sitze im Reisebus, und mich ergreift eine phobische Angst.

Die Platzangst ist häufig mit einer Panikattacke verbunden. Der Betroffene hütet sich daher vor solchen – in seinen Augen – gefährlichen Orten wie

- öffentliche Verkehrsmittel,
- Theater und Kino,
- Menschenansammlungen,
- Feste und Feiern,
- enge Räume und Fahrstühle,
- geschlossene Räume oder Tunnel,
- Kaufhäuser und das Stehen in der Schlange.

Diese Form der Angst führt dazu, dass die betreffenden Orte gemieden werden. Aber dieses Meiden hat zur Folge, dass die betroffenen Personen eine starke Einschränkung ihrer Lebensmöglichkeiten erfahren, nicht mehr zur Arbeit gehen können oder den Pflichten des Haushalts nicht mehr nachkommen.

Frauen und Männer, die in Angst geraten, wählen die Symptome, die ihnen am meisten Hilfe versprechen. Das geschieht aber nicht bewusst und schon gar nicht boshaft. Symptome, die ihren Zweck nicht erfüllen, gibt der Mensch dann auch gerne wieder auf. Ein Beispiel aus der Beratungspraxis soll verdeutlichen, was ich meine.

Wenn die Erde vibriert

Der Mensch entwickelt Angst – man kann auch sagen, er *produziert Angst* –, um einen anderen Menschen an sich zu binden. Das kann der Lebenspartner, das kann – von einem Kind aus gesehen – die Mutter sein.

Frau M. kann nicht allein auf die Straße gehen. Seit zwei Jahren hat sie diese Symptomatik. Viele Menschen in ihrer Umgebung haben versucht, ihr den »Spleen« auszureden, doch es hat nichts genützt. Frau M. ist immer scheuer und schüchterner geworden, es fällt ihr schwer, über diese Problematik frei und offen zu reden. Sie möchte nicht als krank angesehen werden. In ihrer Kirchengemeinde haben ihr gute Bekannte geraten, vorher zu beten und sich dann auf Gott vertrauend hinaus ins Freie zu wagen. Dieser Rat war nicht ungeistlich, traf aber keineswegs den Kern der Sache. Frau M.s Problem liegt ganz woanders. Das müssen wir zuerst erkennen, um ihr effektiv helfen zu können.

Frau M.: »Ich habe den Eindruck, der Boden wackelt, wenn ich rausgehen möchte. Die ganze Erde vibriert. Ich wage gar nicht mehr, darüber zu reden, weil man mich für verrückt halten könnte.«

Ich: »Sie haben das Gefühl, Sie können nicht aus dem Haus gehen. Sie verlieren das Gleichgewicht oder können sich nicht auf den Beinen halten.«

Frau M.: »Ich würde mich schon hinauswagen, aber nur, wenn mich jemand fest unterhakt.«

Ich: »Also wenn Sie einen starken Schutz hätten.«

Frau M.: »Den habe ich aber nicht. Ich komme mir völlig schutzlos vor.«

Ich: »Sie kommen sich schutzlos vor, ohne Halt?«

Frau M.: »Sehen Sie, meine beiden Töchter sind verheiratet. Sie wohnen einige hundert Kilometer von hier entfernt, und wir sehen uns selten. Hin und wieder fahre ich zu ihnen zu Besuch. Aber was habe ich noch?«

Ich: »Ihre beiden Kinder sind aus dem Haus. Sie vermissen Sie sicher. Und was ist mit Ihrem Mann?«

Frau M.: »Der Beruf frisst ihn auf. Jeden Tag macht mein Mann Überstunden, und am Wochenende hockt er über Arbeit, die er sich mitgenommen hat. Wenn wenigstens eine meiner Töchter bei mir wohnen würde!«

Ich: »Mit anderen Worten, Sie fühlen sich im Stich gelassen, allein und ohne Halt.«

Frau M.: »Ich bin auch so machtlos gegenüber meinem Mann. Mit nichts kann ich ihn dazu zwingen, seinen Lieblingsplatz hinter dem Schreibtisch zu räumen. Er lebt und stirbt für die Firma.«

Was wird in diesen Gesprächen deutlich?

Frau M. fühlt sich allein und im Stich gelassen. Die Kinder sind aus dem Haus, sie kann sie nicht mehr betreuen, kann nicht mehr für sie sorgen. Also fühlt sie sich überflüssig.

Ihre Ehe scheint ebenfalls problematisch zu sein. Ihr Ehemann sieht offensichtlich im Beruf seinen einzigen Lebenssinn. Über eheliche Gemeinsamkeiten spricht Frau M. nicht, die beiden Partner leben aneinander vorbei.

Frau M. möchte ihren Mann gerne *zwingen*, seine beruflichen Ambitionen zu drosseln, damit er sich ihr zuwendet. Das schildert sie ganz freimütig.

Hier liegt der Schlüssel zum Verständnis ihres Platzangst-Symptoms. Sie fühlt sich ohnmächtig und machtlos. In ihrer Machtlosigkeit produziert sie ein Symptom, das durchschlagender wirkt, als man es sich vorstellen kann. Sie kann nicht mehr *allein* auf die Straße, weil in ihrer Vorstellung tatsächlich die Erde bebt und vibriert. Auf diese Weise *zwingt* sie ihren Mann, sie zu begleiten, mit ihr Einkäufe zu machen, Besuchsverpflichtungen zu erfüllen und Geselligkeiten mit ihr aufzusuchen. Gemäß ihrem Lebensstil – ich brauche einen Menschen, der mit beisteht – hat sie sich im Bereich des Gefühls ein Symptom ausgesucht, das ihr persönlich Erfolg versprechend zu sein scheint.

In der Beratung lag mir daran, auch den Ehemann zu gewinnen und im Dreiergespräch die eheliche Situation zu verbessern, indem ich ihm die *Flucht* in die Arbeit bewusst machte. Auf dem Wege einer verbesserten Partnerbeziehung verringerten sich allmählich Frau M.s Platzangst-Symptome.

In diesem Fall soll die Platzangst die eigene Wertlosigkeit vertuschen. Frau M. leidet an ihrer *Wertlosigkeit.* Sie will sich das aber nicht eingestehen.

Das Gebet, von Gott Kraft zu bekommen, um dann ohne Angst nach draußen gehen zu können, zielt an der eigentlichen Problematik der Ratsuchenden vorbei. In dem Augenblick, wo Frau M. die unbewusste Zielgerichtetheit ihrer Platzangstsymptome bewusst wird, kann sie beispielsweise um die Kraft bitten, nicht mehr so sklavisch an ihrem Mann hängen zu müssen. Das Gebet ist konkreter und bezieht sich auf das eigentliche Problem, nämlich ihre *Abhängigkeit.* Frau M. kann darum bitten, vorwurfsfreier mit ihrem Mann darüber reden zu wollen, dass sie ihn braucht und stark von ihm abhängig ist.

Ihrem Mann wird allmählich klar, dass er die Arbeit benutzt, um vor der Umklammerung seiner Frau zu fliehen. Als er das erkennt und als Frau M. vorwurfsfreier über ihre Bedürfnisse mit ihm spricht, bessert sich die eheliche Beziehung. Seine so genannte Arbeitswut mindert sich und damit ebenfalls ihre Platzangstsymptomatik.

Das Beispiel macht auch deutlich, wie ein Mensch unbewusst eine Krankheit zielgerichtet dafür benutzen kann, den Ehepartner mit Angst an sich zu ketten.

Angst und Zwangsstörungen

Das umfangreiche Gebiet der Zwangsstörung ist nicht zu verstehen, wenn man nicht die Angst hinzuzieht. Die von Zwängen Betroffenen erzählen uns die verrücktesten Begebenheiten, die ihnen Angst machen, und wir haben in der Regel große Mühe, die ungewöhnlichen Eindrücke zu verstehen. Mit großem Ernst, mit Sorgfalt und Genauigkeit, treffsicher in der Wortwahl und oft ohne Anzeichen einer Gefühlsregung werden die Geschichten eines extrem eingeschränkten Lebens geschildert.

Wir reden von Wasch*zwang* und Putz*zwang*, von Kontroll*zwang* und Grübel*zwang*, von Läster*zwang* und Sammel*zwang*.

Bei leichten Zwängen handelt es sich um unlogische Ängste und Befürchtungen, die auch jedem Gesunden widerfahren können. Wird der Mensch aber in seiner Handlungsfreiheit eingeengt, dann ist aus normalen Ängsten ein *krankhafter* Zwang geworden, einer, der das Denken und Handeln des Menschen gegen seinen Willen bestimmt.

Angst als Auslöser

Zwangsstörungen sind hartnäckig und intensiv. Die harmlosesten Anlässe können Ängste freisetzen und damit Zwangsgedanken, Zwangsimpulse und Zwangshandlungen auslösen.

Jemand sieht im Fernsehen einen Film über AIDS. Seine Gedanken kreisen plötzlich nur noch um diese gefährliche Immunschwäche. Er entwickelt in seinem Inneren unzählige Schutzmechanismen. Zum Beispiel meidet er bestimmte Menschen, von denen er annimmt, sie seien mit dem Aids-Virus infiziert.

Jemand hält ein Baby auf dem Arm. Plötzlich beschleicht ihn der Gedanke, er könnte das Baby mit einem Messer verletzen oder gar umbringen. Er muss sich nun vor sich selbst schützen und versteckt alle Messer in seiner Umgebung.

Jemand steht im dritten Stock auf dem Balkon. Zum ersten Mal beschleicht ihn die unbestimmte Angst, er müsse hinunterspringen. Er lehnt sich zurück und hält sich krampfhaft am Türrahmen fest.

Diese Menschen erleben große Ängste. Sie stehen unter schwerem nervlichen Druck und erfahren, dass sich ihr Leben mehr und mehr einengt. Sie leiden an Unentschlossenheit, signalisieren ein unstillbares Sicherheitsbedürfnis und lassen ihre Umwelt mitleiden.

Menschen mit Zwangsstörungen gehören zu den *verwundbaren* Persönlichkeiten. Viele bleiben ihr Leben lang verletzbar, kränkbar, frustrierbar, beeinflussbar und nicht belastbar. Es sind Menschen mit – wie man sagt – einer »dünnen Haut« und einem labilen Nervensystem. Ihre Widerstandskraft ist gering. Ihr Denken, Fühlen und Verhalten ist von Angst geprägt. Schnell geraten sie aus dem seelischen Gleichgewicht.

Menschen mit Zwangsstörungen sind ständig mit sich beschäftigt, liegen auf der Lauer und beobachten sich, machen aus einer Mücke einen Elefanten, betrachten übersteigert ihr Leben.

Der Mensch mit Zwangsstörungen ist fest davon überzeugt, dass er sich gegen Infektionen und Versündigungen, gegen Bakterien und Viren, gegen Versuchung und Attacken, gegen Lästergedanken und Zweifelsucht absichern muss.

Zwangsgestörte verwenden *Rituale,* um sich zu schützen. So wird z. B. der Reinlichkeitsfanatiker, der immer wieder seine Hände wäscht, zum Sauberkeitsperfektionisten. Die rituelle Reinigung hat den Sinn, Schmutz und Unreinheit abzuwaschen. Regeln, Ordnungen, Gebote und Verbote werden internalisiert. Reinigungszeremonien und Waschzwänge sind die magischen Rituale, um das Böse abzuwaschen.

Die Flusen auf dem Tisch

Ein junges Paar kommt in die Beratung. Sie sind seit einem halben Jahr verheiratet. Er schreibt gerade seine Diplomarbeit – zwei Ereignisse, die häufig eine Zwangsstörung verstärken.

Der junge Ehemann leidet unter Zwängen. Er ist äußerst gewissenhaft. Das Lachen fällt ihm schwer. Die Worte der Bibel nimmt er *über*ernst. »Muss man denn nicht das i–Tüpfelchen des Gesetzes im Auge behalten?«, fragt er.

- Er ist *über*gewissenhaft,
- er ist *über*moralisch,
- er ist *über*gesetzlich,
- er ist *über*ordentlich.

Das Wörtchen »über« im Denken, Fühlen, Glauben und Handeln ist es, das ihm das Leben zur Hölle macht. Sünden in Gedanken, Worten und Werken klagen ihn an. Die Freude am Leben wird von seinen Grübeleien erstickt. Seine Eltern waren ebenfalls *über*genaue Christen, die ihre Kinder lehrten, selbst die kleinsten Gebote Gottes ernst zu nehmen.

Der Junge entwickelte also große Ängste,

- dass er die Gebote Gottes verfehlen könnte,
- dass er den Glauben an Christus verraten könnte,
- dass er durch raffinierte Tricks des Teufels in Sünde verfallen würde,
- dass er den Heiligen Geist lästern könnte.

Während eines Seelsorgegesprächs beobachtete ich, wie der Ratsuchende mit seiner rechten Hand heimlich und für mich möglichst nicht sichtbar Flusen von einer gehäkelten Decke, die auf meinem Glastisch lag, entfernte. Er war plötzlich körperlich und seelisch verspannt und konnte nicht mehr richtig zuhören – er *musste die Flusen entfernen!* Als ich meine Beobachtung ansprach, war er offensichtlich erleichtert. Trotzdem war er fest davon überzeugt, dass er die Flusen entfernen müsste. Als wir uns gemeinsam die Entstehungsgeschichte dieses Verhaltens klarmachten, ließ er unmissverständlich durchblicken, dass die strenge und moralische Erziehung seiner gläubigen Eltern seine Lebens- und Glaubenseinstellung *mit* verursacht hatte.

Angst und Zwang sind verschwistert, man kann sie sogar in einem Atemzug nennen. Zwänge sind Befürchtungen, sie rufen Angst und Unbehagen hervor. Entscheidend ist: Es handelt sich um *irrationale* Zwänge und Ängste.

Wir sind geneigt, dem Christen, der solche Zwangsbefürchtungen ausspricht, mangelnden Glauben zu bescheinigen. Christen mit Zwangsstörungen kämpfen mit Angst gegen den Zwang an. Wichtig ist:

- Wer die Zwangsstörungen als Glaubensschwäche infrage stellt, hilft dem Betroffenen nicht.
- Wer auf den Zwang schaut, wird vom Zwang in die Knie gezwungen.
- Wer den Zwang ängstlich erwartet, zitiert ihn herbei.
- Wer auf Christus schaut, kann von Zwängen beunruhigt werden, wird aber nicht endlos gequält.
- Wer auf Christus schaut, kann *angefochten* werden, wird aber von ihm nicht im Stich gelassen.

Die soziale Phobie

Sie gehört zu den weitest verbreiteten Angststörungen. Nach neusten Untersuchungen leiden etwa 8 Prozent der Bevölkerung unter einer sozialen Phobie.

Wodurch wird die soziale Phobie gekennzeichnet?

- Durch die Angst, von anderen Menschen negativ bewertet zu werden,
- durch die Angst, von anderen Menschen beobachtet zu werden, die den Betreffenden für ungeschickt, unbeholfen oder für unintelligent halten können,
- durch die Angst vor Situationen, in denen man im Mittelpunkt stehen könnte,

- durch die Angst, mit mehreren Personen an einem Tisch sitzen zu müssen,
- durch die Angst vor mündlichen Prüfungen,
- durch die Angst, unangenehm, lächerlich oder abstoßend zu wirken,
- durch die Angst, in öffentlichen Toiletten Wasser zu lassen.

Diese Angst kann sich in Herzrasen, Herzklopfen, Erröten, Zittern, Schwitzen und in Harn- oder Stuhldrang äußern.

Wann wird aus der normalen Angst, die wir alle kennen, eine soziale Phobie?

- Wenn die oben beschriebenen Ängste das Leben des Betroffenen erheblich einschränken;
- wenn die oben beschriebenen Ängste einen Rückzug aus gesellschaftlichen Beziehungen beinhalten;
- wenn sich die Betroffenen in eine virtuelle Welt flüchten und nur noch hinter dem Computer sitzen;
- wenn sie Angst haben, mit anderen Menschen zu essen, zu trinken oder auf engem Raum zusammen zu sein;
- wenn sie bestimmte Lebensaufgaben, die gemeistert und bewältigt werden müssen, nicht mehr wahrnehmen.

Menschen mit einer sozialer Phobie bleiben in der Regel hinter ihren Leistungsmöglichkeiten und Fähigkeiten zurück, weil sie ausweichen, Prüfungen immer wieder verschieben und Risiken nicht eingehen. Sie haben ein schwaches Selbstbewusstsein und kein Durchsetzungsvermögen.

- Sozialphobiker wollen es am liebsten allen recht machen;
- Sozialphobiker haben Probleme mit dem anderen Geschlecht;
- Sozialphobiker warten auf Wunder oder wundersame Eingriffe, die von draußen kommen;
- Sozialphobiker sind in der Regel äußerst ehrgeizig.

Der Ehrgeiz, tüchtig und erfolgreich zu sein, beflügelt selbstverständlich die Angst, nicht zu genügen und nicht den eigenen Ansprüchen oder denen der anderen zu entsprechen. Die soziale Phobie spielt sich im Kopf und in Gedanken ab. Die krankhafte Angst zeigt, dass sich der Mensch zu wichtig nimmt und sein Denken nur noch um sich selbst kreist.

Welche Merkmale gehören in der Regel zur sozialen Phobie?

- Überempfindlichkeit gegen Kritik,
- eine negative Bewertung,
- Schwierigkeiten, sich selbst zu behaupten,
- geringes Selbstbewusstsein,
- Minderwertigkeitsgefühle,
- vermeiden des Blickkontaktes.

Die soziale Phobie kann zusammen mit einer Panikstörung, mit Zwangsstörungen und mit affektiven Störungen auftauchen. Die soziale Phobie beginnt in der Regel im Alter von etwa 15 Jahren. Ihre Dauer ist häufig lebenslang, und sie kann bei bestimmten Erlebnissen stärker oder schwächer werden.

Erwartungsangst

Nicht wenige Menschen werden von Befürchtungen heimgesucht. Sie erwarten, dass etwas *schief geht,* dass etwas *dazwischenkommt,* dass die Aufgabe *misslingt,* sie erwarten das *Schlimmste.*

Ein eindrucksvolles Beispiel zum Thema Erwartungsängste las ich bei Elisabeth Lukas, einer Schülerin von Viktor Frankl: *»Im großen Stil wurden derartige gefährliche Erwartungsphänomene unter anderem von dem israelischen Arzt Paul Schuger untersucht, der über ein Vorkommnis in Westjordanien zu berichten weiß, welches sogar die Weltgesundheitsorganisation in Genf beschäftigt hat. Begonnen hatte es damit, dass zwei Mädchen in einer Schule in Ohnmacht fielen. Irgendjemand gab daraufhin das unheilvolle Gerücht aus, das Trinkwasser sei vergiftet. Binnen weniger Tage mussten 946 Mädchen aus dieser Schule wegen Übelkeit und Leibschmerzen in Krankenhäuser eingeliefert werden, die Blut- und Urintests ergaben, dass sie kerngesund waren. Die Erwartung der Krankheit allein hatte genügt, die dazugehörigen Beschwerden zu erzeugen, obwohl das Trinkwasser tadellos war.«*[1]

Erwartungsängste können unvorstellbare Reaktionen im menschlichen Organismus auslösen. Wir sagen nicht umsonst: Einbildungen haben große Kraft. Erwartungsängste können den Menschen krank machen.

Ich möchte noch ein zweites Beispiel anführen, diesmal aus meiner eigenen Praxis. Eine Rat suchende Frau schildert ihr Problem:

»Ich bin verheiratet und Mutter dreier Kinder. Der Tod meiner Mutter – sie starb mit 34 Jahren – schien für mich nie ein nennenswertes Ereignis zu sein, bis ich 33 Jahre und 6 Monate alt war. Ganz plötzlich hatte ich da einen starken Zusammenbruch mit starken körperlichen Symptomen. Mein erster Gedanke war: Krebs! Bald merkte ich, dass unbewusst in mir das Gefühl war: ›Du wirst bald 34 Jahre alt, nun wird irgendetwas geschehen!‹ Ich wagte auch nicht mehr, über dieses Alter hinaus zu planen aus Angst, mein Leben sei dann sowieso zu Ende. Darum war ich dann an meinem 34. Geburtstag erleichtert, dass ich noch am Leben war. Mit meinem Verstand wusste ich natürlich, wie lächerlich das alles war, und doch konnte ich mich nicht dagegen wehren. In dieser Zeit begann ich auch, den Schmerz über den Verlust meiner Mutter zuzulassen. Nun reifte in mir der Wunsch, in eine therapeutische Seelsorge zu gehen. Es wurde mir auch bewusst, dass ich Gott einfach nicht vertrauen konnte. Wo immer möglich, nahm ich die Fäden selbst in der Hand. In meinem Herzen spürte ich großen Groll gegen Gott: Was hat er mir als kleines Mädchen angetan? Aus diesen Gefühlen sah ich einfach keinen Ausweg mehr.«

Eine unbegreifliche irrationale Angst hat die Frau heimgesucht. Sie selbst ist es, die sich die Befürchtungen einredet. Sie selbst glaubt an einen inneren Zusammenhang mit der Zahl »34«, dem Alter, in dem ihre Mutter gestorben ist. Sie steigert sich in die Erwartungsangst hinein. Obwohl sie als bewusste Christin lebt, vertraut sie ihren wankelmütigen Gefühlen mehr als dem lebendigen Gott.

Kann Angst töten?

Im Allgemeinen nicht – das behaupten zumindest die Fachleute. Und doch gibt es Umstände, die den Tod eines gesunden Menschen herbeiführen können.

Sagen wir nicht, dass jemand an gebrochenem Herzen gestorben ist oder diese Erlebnisse sein Leben zerstört haben?

Da ist ein Arbeiter, der im Kühlraum-Waggon eines Güterzuges arbeitet. Er hat das Abfahrtszeichen überhört. Die Türen werden automatisch geschlossen. Der Arbeiter sitzt im Wagen wie in einem Gefängnis. Jeder Hilferuf ist zwecklos, niemand ist in seiner Nähe. Chancenlos ist er der Kälte ausgeliefert. Und sie legt sich wie ein Panzer um ihn. Einen Tag später wird der Wagen geöffnet. Der Arbeiter liegt erfroren im Kühlwagen. Aber jetzt stellt sich heraus: Der Mann ist *nicht* von der Kälte getötet worden, denn das Kühlaggregat war gar nicht eingeschaltet. Es schaltet sich automatisch aus, wenn ein Mensch im Kühlwagen arbeitet. Die untersuchenden Ärzte kommen zu dem Ergebnis, dass er einen seelisch bedingten Tod der Entmutigung und Hoffnungslosigkeit gestorben ist. Die Angst, hier nicht wieder lebend rauszukommen, hat den Arbeiter das Leben gekostet.

Ein zweites Beispiel stammt aus dem Tierreich. Es zeigt, wie tief Kränkungen, Beleidigungen und seelische Verletzungen auch ein Tier beeinflussen können. In einem Zoo in Amerika wird ein Versuch gemacht. Ein Schimpansenaffenpaar, ein Männchen und ein Weibchen, die bisher in einem Käfig zusammenlebten, werden getrennt. Die Schimpansin wird mit einem fremden Schimpansenmännchen in einen Käfig gesperrt. Die Forscher, die die Gefühle der Tiere untersuchen wollen, verlegen nun das ehemalige Schimpansenmännchen in ein Gehege direkt neben dem Käfig, in dem sich sein Nebenbuhler mit seiner ehemaligen »Lebensgefährtin« befindet.

Einige Wochen später stirbt das allein gelassene Schimpansenmännchen. Es hat die seelischen Qualen nicht ausgehalten. Es musste zusehen, wie der freche Nebenbuhler »seine Frau« umwarb und sexuell belästigte. Das Herz ist ihm vor Gram gebrochen. Diese unbeschreibliche Kränkung hat das Männchen nicht überstanden. Wir sehen daran – auch im Tierreich:

- Kränkungen machen krank,
- Kränkungen können töten,
- Kränkungen können bitter und resigniert machen.

Angst und die Ohnmacht, das grausame Spiel nicht verhindern zu können, setzen Leib, Seele und Geist unter Druck.

Angst und Panikattacken

Was geht im Körper vor, wenn – wie man so schön sagt – die Sicherungen durchknallen? Was geschieht, wenn Gefahr droht und der Körper in Alarmbereitschaft versetzt wird?

Herzrasen, stoßweiser Atem, angespannte Muskulatur: Das alles gehört zum biologischen Notprogramm für Kampf und Flucht. Gott hat uns allen diesen Mechanismus in unseren Leib programmiert. Aber was geschieht, wenn im Bus, im Supermarkt, im Auto der Körper aus heiterem Himmel verrückt spielt? Er signalisiert uns: Es ist höchste Gefahr!

Die Betroffenen geraten in Todesangst, sie fürchten eine Ohnmacht oder einen Herzinfarkt und glauben zu ersticken. Viele schnappen hektisch nach Luft und verstärken ihre körperliche Reaktion noch durch Hyperventilation, nämlich Pulsjagen, Schwindelgefahr und Atemnot. Der Kohlendioxidgehalt des Blutes sinkt, und es kommt zu Missempfindungen, zu Taubheitsgefühlen, zu Kribbeln in Händen und im Gesicht und zu der Einbildung: Wir stehen völlig neben uns.

Ist das Paniksyndrom eine Modeerscheinung?

Der Begriff »Panikstörung« ist erst in den Sechzigerjahren des 20. Jahrhunderts aufgekommen. In der Tat hielten viele Mediziner diese Art von Störung für eine Modeerscheinung.

Es war der amerikanische Psychiater Donald Klein, der als Erster den Begriff »Panikstörung« definierte. Bis dahin sprach man

- von Angstneurosen,
- von Angstattacken,
- von phobischem Attackenschwindel,
- von Herzneurosen
- oder von vegetativer Labilität.

Erst Ende der Siebzigerjahre machte man der Begriffsverwirrung ein Ende, und im »DSM« (»Diagnostisches und statistisches Handbuch psychischer Störungen«) wurde die Krankheit genau beschrieben. Eine Checkliste führt nun detailliert auf, welche Kriterien zutreffen müssen, um dieses Krankheitsbild zu diagnostizieren.

Verwandt mit Panikattacken ist die Einengung der Herzkranzgefäße, die zum Herzinfarkt führen kann. Auch eine Überfunktion der Schilddrüse kann mit der Panikattacke zusammenhängen. Oft geht mit Panikattacken eine Depression einher. Depressionen haben häufig starke Ängste und Befürchtungen im Gefolge.

Was sind Panikattacken?

Wenn wir den Fachleuten Glauben schenken, gibt es in Deutschland acht Millionen Menschen, die gelegentlich oder auch öfter an Panikattacken leiden.

Wie äußern sich diese Angstanfälle, noch dazu oft in Situationen, die objektiv gar nicht gefährlich sind?

- Panikattacken sind unerwartet starke Angstgefühle;
- Panikattacken dauern einige Minuten, manchmal sogar Stunden;
- Panikattacken beinhalten das Gefühl eines drohenden Unheils;
- Panikattacken können schwere Atemnot und Beklemmungsgefühle hervorrufen;
- Panikattacken können Ohnmachtsgefühle produzieren;
- Panikattacken können Erstickungsanfälle und Herzklopfen verursachen;
- Panikattacken beschleunigen den Puls, fördern das Schwitzen und die Übelkeit;
- Panikattacken können das Gefühl verstärken, sterben zu müssen;
- Panikattacken können die Furcht steigern, verrückt zu werden.

Panikattacken äußern sich von Mensch zu Mensch verschieden. Menschen mit Panikattacken glauben, die Kontrolle über ihr Leben verloren zu haben. Die Befürchtungen, solchen Angstanfällen ausgeliefert zu sein, engt ihren Lebensraum gewaltig ein.

- Sie ziehen sich zurück.
- Sie verringern ihre Aktivitäten.
- Sie haben Angst, in Situationen zu geraten, in denen die Panikattacken auftreten können.
- Sie verzichten auf Reisen und Ausflüge, Einkäufe und Plätze, wo viele Menschen sind.

Wie gesagt, Panikattacken haben unterschiedliche Erscheinungsformen bei den Betroffenen. Die einen haben das Gefühl, in Ohnmacht zu fallen. Ihr Herz klopft schneller, die Hände werden feucht, ihr Blick verschwimmt, die Ohren dröhnen. Andere empfinden Brechreiz oder bekommen Durchfall. Wie immer die Symptome auch aussehen mögen, in jedem Fall erzeugen sie Angst.

Wie entwickeln sich Panikattacken?

Die erste Panikattacke tritt im Allgemeinen als Schwächeanfall, Übelkeit oder Durchfall auf. Sie scheint in der Regel mit einem körperlichen Missbefinden in Zusammenhang zu stehen. Der Betroffene erlebt eine Blamage oder eine öffentliche Diskriminierung und fühlt sich dadurch peinlich berührt, erschüttert, unwohl oder gar verwirrt. Es entwickelt sich die Angst, die Attacke könnte sich wiederholen. Deshalb redet er sich ein, es handelte sich um einen einmaligen Vorfall.

Jeder, der unter schweren Panikattacken leidet, weiß, dass die Zahl der Auslöser mit der Zeit allmählich zunimmt. Warum? Weil sich die Befürchtungen steigern, wieder in eine peinliche Situation verwickelt zu werden. Die hohe Wahrscheinlichkeit, in einem engen Raum oder an einem öffentlichen Ort eine Panikattacke zu erleiden, löst die Angst aus.

Panikattacken können zudem ausgelöst werden,

- durch den Verlust des Arbeitsplatzes,
- durch den Verlust eines Freundes oder einer Freundin,
- durch den Verlust einer liebgewordenen Umgebung.

Panikattacken sind das Ergebnis der Gedanken, die sich der Betroffene über seine Angst macht

Die Mehrzahl der Menschen, die unter Panikattacken leiden, ist der Überzeugung, dass ihre Attacken spontan auftreten und unkontrollierbar sind. Deshalb gehen sie allen Situationen aus dem Weg, die solche Angstanfälle auslösen können. Das heißt: Panikattacken sind das direkte Ergebnis der Gedanken, die sich der Betroffene selbst über seine Angst und deren Folgen macht. Das heißt aber auch, die Panikattacken können verhindert werden, wenn die Gedanken des Ratsuchenden verändert werden.

Der eine wird mit Kopfschmerzen gewarnt, ein anderer mit morgendlichem Durchfall und wieder ein anderer mit Schweißausbrüchen, die ohne erkennbaren Grund einsetzen.

Vielleicht hat jemand seine Arbeit verloren, ein anderer macht sich zu viel Sorgen um seinen Arbeitsplatz. Wieder ein anderer denkt mit Schrecken an sein Alter.

Auch das Vergleichen mit anderen steigert die Angst.

- Wer in der Nachbarschaft ist erfolgreicher?
- Kann es sein, dass die Frau des Nachbarn besser kochen und backen kann?
- Wer hat die erfolgreichsten Kinder?
- Wer sieht am attraktivsten aus?
- Können wir finanziell mit den anderen in unserer Umgebung mithalten?
- Wieso können sich andere so tolle Kleider und teure Urlaubsreisen leisten?

Dieses Vergleichen erzeugt Stress, der wiederum den Körper ständig in Alarmbereitschaft versetzt. Der eine reagiert mit Herzrasen, der andere mit Durchfall. Herz, Magen, Darm und Kopf können Alarmsignale aussenden.

Darf in einer Leistungsgesellschaft niemand mit Angst reagieren?

Es ist natürlich schon schlimm, dass in einer Leistungsgesellschaft niemand mit Angst reagieren darf. Angst wird im Allgemeinen als Schwäche gewertet und als mangelndes Selbstvertrauen gedeutet. Angst ist in einer Wettbewerbsgesellschaft unbrauchbar.

Allerdings kostet Angst unsere Gesellschaft jährlich mehrere Milliarden Euro. Häufig wird sie im Selbstversuch mit Alkohol und Tabletten unterdrückt und führt auf geradem Weg in die Sucht.

Wann ist Hilfe erforderlich?

- Wenn der Mensch sich der Angst völlig ausgeliefert sieht.
- Wenn berufliche oder private Beziehungen so viel Angst machen, dass sie nicht mehr lebbar sind.
- Wenn die Betreffenden die Hintergründe der Angst nicht verstehen.
- Wenn die Menschen in Situationen geraten, denen sie sich nicht gewachsen fühlen.

Welche Gedanken lösen Panikattacken aus?

Wer glaubt, keinen Einfluss auf Situationen zu haben, die Angstattacken auslösen, macht sich selbst hilflos. In der Regel setzt der Betroffene die Angstspirale nämlich selbst in Gang und ist auch selbst Ursache für die Attacke. Wenn der Ratsuchende erkennt, dass er selbst die Ursache für seine Angstanfälle ist, dann kann er auch lernen, sie zu beherrschen.

Häufig lautet die Kernfrage: »Was geschieht, wenn jetzt eine Panikattacke auftritt?« Diese Frage des Betroffenen löst Angst- und Panikgefühle aus. Sein Verstand reagiert wie gelähmt. Er steigert sich in eine unkontrollierte Erregung hinein.

Schwierigkeiten sind dazu da, um überwunden zu werden

Krisen sind keine Katastrophen. Sie sind keine Niederlagen und vor allem keine Prüfungen Gottes.

Schwierigkeiten sind dazu da, um überwunden zu werden. An Schwierigkeiten wachsen wir. Schwierigkeiten machen uns lebenstüchtiger. Diese Gedanken muss der Ratsuchende mit Panikattacken pflegen und fördern. Wer sich ständig Vorwürfe macht und Misserfolge als Versagen beurteilt, belastet sein Selbstvertrauen. Die positive Deutung der Situation und der Umstände aber hilft, die Angst zu verringern. Wichtig ist es, an Dinge zu denken, die gelungen sind. Sie haben die Möglichkeit, an Situationen zu denken, die gemeistert worden sind. Sie haben die Möglichkeit, an Methoden zu denken, die in Ihrem bisherigen Leben erfolgreich waren.

Für Angehörige und Freunde ist es wichtig, dass sie nicht ungeduldig oder gar verärgert reagieren, wenn der Betroffene sich ihrer Meinung nach zu wenig Mühe gibt, mit der Angst fertig zu werden. Drängen Sie den Betroffenen nicht, mehr zu unternehmen. Zwingen Sie ihn nicht, sich seiner Angst zu stellen. Das ist die Aufgabe des Therapeuten oder Seelsorgers. Machen Sie dem Betroffenen auch keine Vorwürfe, wenn er nicht mit Ihnen ausgehen möchte. Machen Sie ihm keine Vorhaltungen, dass er *Ihr* Leben beeinträchtigt und einschränkt. Solche Vorhaltungen verstärken die Angstattacken noch. Der Betroffene muss die unbedingte Gewissheit erfahren, geliebt zu sein. Unterlassen Sie Kritik bei Misserfolgen. Unterlassen Sie es, ständig vergangene Fehlschläge anzusprechen. Zeigen Sie dem Betroffenen vielmehr, dass Sie an ihn glauben.

Angst und Borderline-Störungen

Menschen mit dem so genannten Borderline-Syndrom leiden unter einer schweren Identitätsstörung. Ihre Angst macht sie unsicher. Sie wissen nicht, wer sie eigentlich sind, wo ihre Grenzen verlaufen, ob sie sich selbst trauen können, warum sie so unsicher sind.

Ihre Ängste sind mit schweren Verletzungen und Traumatisierungen aus der Kindheit verbunden. Die Borderline–Störung ist häufig das Ergebnis von körperlichem, seelischem oder sexuellem Missbrauch. Die Betroffenen haben in ihrer Familie Gewalt erlebt. Darum gehen Fachleute davon aus,

- dass 81 % aller Borderline-Persönlichkeiten schwere Kindheitstraumata erlebten,
- dass 71 % der Betroffenen körperlich misshandelt wurden,
- dass 67 % sexuell missbraucht wurden
- und dass 62 % Gewalt an sich oder in Familien erleben mussten.

In Amerika leben mindestens sechs Millionen Menschen, die eine Borderline-Störung aufweisen. In Mitleidenschaft gezogen werden dadurch etwa 18 Millionen Familienangehörige, Partner, Freunde und Arbeitskollegen.

Die Angehörigen haben oft den Eindruck, dass sie das Zusammenleben mit einer Borderline-Persönlichkeit wie einen *Kriegszustand* erfahren. Hinter dem Borderline-Symptom stehen Scham und Angst, verlassen zu werden. Borderliner wünschen sich verzweifelt Nähe und Intimität, aber sie fangen es so ungeschickt an, dass sie alles zerstören.

Oft lebt der Borderliner 24 Stunden in Angst und Panik. Seine Angst in Form von Misstrauen ist in der Regel riesengroß, vor allem, wenn er misshandelt oder missbraucht wurde. Die Angst vor innerer Leere kann Menschen mit dem Borderline-Syndrom veranlassen, Zuflucht zu Fressattacken mit anschließender Einnahme von Abführmitteln zu nehmen, unkontrollierten Sex mit mehreren Partnern zu praktizieren, maßloses Kaufverhalten zu betreiben oder zu Missbrauch von Alkohol bzw. anderen Rausch-Substanzen zu greifen.

Menschen mit Borderline-Störungen sind widersprüchliche Persönlichkeiten

Es gelingt ihnen nicht, Widersprüche, die jeder normale Mensch kennt, sinnvoll zu verarbeiten. Widersprüchliche Verhaltensweisen werden extrem ausgelegt und belasten die Betroffenen selbst, aber auch ihre Umgebung. Solche Widersprüche lösen enorme Ängste aus und zerstören das zwischenmenschliche Klima.

Wie sehen solche Widersprüche aus?

- Verletzlichkeit – Selbsthass
- Rückzug – Sehnsucht nach Gemeinschaft
- Lebenshunger – Todesrausch
- Liebe – Hass
- Nähe –Distanz
- intensive Sehnsucht nach Zärtlichkeit – Aggressivität
- intensive Gefühle – völlige Leere
- Partner werden idealisiert – Partner werden völlig abgewertet
- Selbstsucht – Sorgen um andere
- »Ich hasse dich!« – »Verlass mich nicht!«

Fassen wir zusammen: Menschen mit dem Borderline-Syndrom leiden unter Stimmungsschwankungen, sie sind letztendlich unberechenbar.

Sind Borderline-Störungen ein gesellschaftliches Problem?

Der Psychiater Joachim Gneist ist in der Tat dieser Meinung: »*Das Ganze ist mehr als ein Krankheitsphänomen einer bestimmten Patientengruppe. Es ist auch ein Zeitphänomen der heute lebenden Generation. Man könnte heute von einer Borderline-Generation sprechen, wie damals von der 68er-Generation.*«[2]

Wie begründet der Psychiater seine Beobachtungen? Auch unsere Gesellschaft lebt in Widersprüchen, wie die Borderline-Persönlichkeiten. Wir beuten die Natur aus, gleichzeitig leiden wir unter ihr.

Wir erleben heutzutage die größten Fluchtbewegungen, wie sie noch nie zuvor in der Geschichte vorgekommen sind. Und damit sind Angst, Verlassenheit und Existenzangst verbunden – alles Symptome, die auch auf Borderline-Persönlichkeiten zutreffen.

Hass-Liebe, Beziehungsabbrüche, Übergriffe auf sexuellem Gebiet und Einsamkeit sind in beängstigender Weise zur Alltagsrealität unserer Gesellschaft geworden.

Jedes Jahrhundert hat seine speziellen Zeitkrankheiten. Das letzte Jahrhundert war gekennzeichnet von Sexualneurosen, das letzte Jahrhundert und auch das jetzige sind durch Borderline-Störungen gekennzeichnet.

Drei bis fünf Millionen Menschen leiden in Deutschland an Borderline-Syndromen. Charakteristisch dafür sind:

- Orientierungslosigkeit und Zerstörungswut,
- Sinnlosigkeit und Identitätsstörung,
- totale Abhängigkeit und totale Distanz.

Kinder erleben keine Geborgenheit und Verlässlichkeit mehr. Jede dritte Ehe wird wieder geschieden, und so sind

Verlassenheitsängste, Unsicherheit, Enttäuschung und Identitätsstörungen die Folge. Wiederum alles Symptome, die zu den Borderline–Persönlichkeitsstörungen gehören.

Ängste und Borderline-Störungen in der Partnerschaft

Je näher Menschen in einer Beziehung zusammenleben, die mit Borderline-Problemen behaftet ist, desto exzessiver werden die Auseinandersetzungen.

Es entsteht Streit in der Partnerbeziehung ...

- wenn aus dem Nichts heraus ein Zusammenstoß stattfindet;
- wenn durch ein Wort alles in der Beziehung zerstört werden kann;
- wenn ein Mangel an Grundgeborgenheit einen ernsten Stimmungswechsel entstehen lässt;
- wenn jemand die Doppelbotschaft lebt: Ich hasse dich, verlass mich nicht!
- wenn ein Partner da ist, ist der Borderliner auf Kampf eingestellt. Ist der Partner weg, wird er stark vermisst;
- wenn der Partner alles falsch macht oder der Borderline-Betroffene alles als falsch und nicht befriedigend registriert;
- wenn die Borderline-Persönlichkeit mit hin- und hergerissenen Gefühlen spielt;
- wenn die Borderline-Persönlichkeit in einem Gedanken »vom Heiligen« oder vom »Teufel« spricht;
- wenn Nähe als Verschlingen und Distanz als Einsamkeit erlebt werden;
- wenn sich die Borderline-Persönlichkeit vergewaltigt, ohnmächtig, übersehen oder verlassen erlebt;
- wenn die Borderline-Persönlichkeit ein widersprüchliches Wechselverhalten signalisiert: eben noch liebevoll, jetzt extrem wütend;

- wenn der Borderliner ängstlich oder außer sich ist, fällt es ihm schwer, sich das Bild vom »geliebten Menschen« vor Augen zu rufen;
- wenn der Partner nicht tut, was der Borderliner verlangt. Der Borderliner benutzt die »emotionale Erpressung«;
- wenn der Borderliner in Angst gerät, in Einsamkeit, Verzweiflung oder Hoffnungslosigkeit, dann droht er – aber nicht aus Bosheit;
- wenn sich Angehörige und Partner manipuliert fühlen, obschon der Borderliner aus Verzweiflung handelt.

Selbstverletzungen bei Borderlinern

Häufig kommt es bei Borderlinern zu Selbstverletzungen. Das können sein:

- sich selbst schneiden,
- sich verbrennen,
- Knochenbrüche,
- mit dem Kopf gegen die Wand stoßen,
- sich mit Nadeln stechen,
- die Haut zerkratzen,
- sich Haare ausreißen,
- Schorf abreißen.

Wohlgemerkt, alles nicht in suizidaler Absicht.

Was ist der Sinn solcher Selbstverletzungen? Betroffene wollen überwältigenden emotionalen Leidensdruck abbauen, wollen einem Gefühl der Scham, der Wut, der Trauer und der Einsamkeit Ausdruck verleihen. Selbstverletzungen setzen körpereigene Opiate frei, so genannte Beta-Endorphine. Sie schaffen ein Gefühl des Wohlbefindens.

Was sind die Motive des Borderliners?

- Er will sich lebendig fühlen.
- Er will sich betäuben.
- Er drückt damit seine Wut auf andere aus.
- Er will sich selbst bestrafen oder seinen Selbsthass ausdrücken.
- Er will Stress oder Ängste abbauen.
- Er will seinen Schmerz kontrollieren.
- Er will wieder ein Gefühl für die Realität bekommen.
- Er will durch Konzentration auf den physischen Schmerz Erleichterung von emotionalem Druck erreichen.
- Er will den Menschen in seiner Umgebung signalisieren: Ich brauche Hilfe.

Wie erleben sich Angehörige gegenüber Borderline-Persönlichkeiten?

Angehörige und Partner verbergen ihre Gedanken und Gefühle aus Angst vor den Reaktionen des Borderliners. Sie haben das Gefühl, dass alles, was sie sagen, verdreht, entstellt und gegen sie verwendet wird.

Angehörige haben das Gefühl, Zielscheibe unkontrollierter, irrationaler Wutausbrüche zu werden, und zwar durchaus nach Phasen liebevollen Umgangs. Sie haben das Gefühl, der Borderliner sieht alles schwarz oder weiß, ideal oder böse. Er kann keine Mittelwerte und Grautöne unterscheiden. Die Angehörigen haben Angst, sich eigenen Ansprüchen oder Erwartungen zu stellen. Ihnen wird vorgeworfen, diese seien zu hoch.

Angehörige – und hier meine ich besonders die Partner – haben das Gefühl, dass sie nichts richtig machen können, weil ihr Standpunkt infrage gestellt wird. Sie haben ständig das Gefühl, runtergemacht, kritisiert und missverstanden zu werden. Sie haben den Eindruck, dass sie keine Aktivitäten und gemeinsamen Veranstaltungen mehr planen können, weil die Borderline-Persönlichkeit mit ihren Stimmungsschwankungen und Unberechenbarkeiten vieles vereitelt. Partner und Angehörige erleben, dass die Borderline-Persönlichkeit alle Diagnoseergebnisse ablehnt und oft darauf beharrt, dass der Partner der allein Schuldige und alleinige Verursacher aller Probleme ist. So bekommen die Lebenspartner das unbestimmte Gefühl, dass die Borderline-Persönlichkeit negativ eingestellt zu sein scheint, vieles widersprüchlich beurteilt und unbedingt Recht behalten will. Ihnen entgeht nicht, dass die Borderline-Persönlichkeit sich sprunghaft, verwirrt und kränkend verhält.

Angst und Wut

Wichtig zu wissen ist, dass der Borderliner *alle* Emotionen sehr intensiv erlebt. Kennzeichnend für viele Borderliner ist ihre unangemessene Wut bzw. die Schwierigkeit, ihre Wut zu kontrollieren. Die Wut ist oft intensiv, unberechenbar und logischen Argumenten nicht zugänglich. Sie kommt wie ein Erdbeben oder wie ein Blitz aus heiterem Himmel. Wieder andere fürchten sich davor, ihre Wut intensiv zu äußern, denn sie haben Angst, die Kontrolle über sich zu verlieren. Ihre Angst besteht auch darin, ihr Gegenüber könnte zurückschlagen und sie könnten den Partner verlieren.

- Wut entsteht aus Angst, die Umgebung nicht kontrollieren zu können.
- Wut entsteht aus Angst, nicht mehr geliebt zu werden.
- Wut entsteht aus Angst, verletzt zu werden.

Ich kann in diesem Kapitel keine Hilfen und Umgangsstrategien für Borderline-Störungen anbieten. Sie erfordern in der Regel eine klare Diagnose eines Facharztes oder eines Psychotherapeuten. Es hat keinen Zweck, Borderline-Störungen in Selbsthilfe von Betroffenen oder von Familienangehörigen zu verarbeiten. Betroffene und Angehörige brauchen *gemeinsam* Begleitung und Gespräche, um der Störung wirksam zu begegnen.

Angst und Okkultismus

In der therapeutischen Seelsorge häufen sich die Fälle, die von Seelsorgern und Mitarbeitern als »okkult belastet« eingestuft werden. Da zum einen Okkultismus-Themen in vielen christlichen Kreisen einen breiten Raum einnehmen, zum anderen viele unverstandene Ängste eine Erklärung verlangen, bietet sich die Antwort, der Betreffende ist okkult belastet, geradezu an.

Viele Seelsorger halten die Berührung mit okkulten Praktiken für *die* Einstiegspforte der Dämonen. Der Teufel müsste allerdings ein unverbesserlicher Schwachkopf sein, wenn er sich auf diesen Einstieg spezialisiert hätte.

Selbstverständlich gibt es okkult belastete Menschen, Besessene, die sich dem Teufel verschrieben haben. In den meisten Fällen aber handelt es sich um seelische Krankheiten, die der Mensch geschickt tarnen möchte.

Was sollten Christen bedenken?

1. Christlich gesinnte Ärzte und Psychiater bestätigen übereinstimmend, dass in der Seelsorge die Symptome vieler heilbarer seelischer Krankheiten als Auswirkung von Dämonen missverstanden werden.

2. Übersteigerte Angst wird als *Folge* für eingeredete oder wirkliche okkulte Belastungen angenommen. Aber in den meisten Fällen ist es umgekehrt, die übertriebene Angst ist die *Ursache* für die Überzeugung, einer okkulten Sache zum Opfer gefallen zu sein.

3. Übersteigerte Angst ist – in der Regel – durch eine problematische Verbotserziehung angestachelt worden. Angst vor Strafe, Verlassenheitsangst und die Angst, als böse und sündig hingestellt zu werden, veranlasst den Menschen, sein Böse-Sein auf Teufel und Dämonen zu projizieren.

- »Nicht ich bin böse, sondern der Böse hat mich böse gemacht.«
- »Nicht ich bin schuldig, sondern der Böse jagt mir Schuldgefühle ein.«
- »Nicht ich habe gesündigt, sondern die ›Schlange‹ hat mich verführt.«

Das sagte übrigens auch schon Eva im Paradies und projizierte damit die Schuld auf den Teufel.

4. Die Gefahr einer exorzistischen Seelsorge besteht darin, seelische Nöte, krankhafte Ängste und psychische Krankheiten einseitig und unkritisch auf Kontakte mit okkulten Mächten abzuwälzen und mithilfe eines Absagegebetes zu verharmlosen.

Haben Absagegebete nicht den gewünschten Erfolg, vermutet der Seelsorger nicht selten, dass noch weitere, nicht bekannte und nicht erkannte Okkultbelastungen die seelische Belastung auslösen.

5. Die Angst, okkult belastet zu sein, spiegelt einen *Übertragungsmechanismus* wider, der auch im Zwischenmensch-

lichen eine große Rolle spielt. Schlimme Gefühle, die ein Kind für seine Eltern entwickelt hat, werden auf andere Menschen oder Mächte übertragen. Der okkult belastete Mensch *überträgt* auf Teufel und Dämonen, was er in seiner Kindheit durch Eltern und Erzieher negativ erfahren hat.

6. Die Unterscheidung zwischen natürlichen und dämonologischen Krankheiten ist nicht hilfreich. Alles muss an Gott vorbei, das Gute und das Böse, Gesundheit und Krankheit. Alle Auswirkungen, auch die Berührung mit okkulten Praktiken, sind eine Folge des Abfalls von Gott, der im Paradies seinen Anfang genommen hat.

Der Arzt und Therapeut Arno Schleyer schreibt dazu: *»Sinnvoll jedoch ist die Unterscheidung zwischen der natürlichen und dämonologischen Sicht einer Krankheit. Um es an einem Beispiel zu verdeutlichen: Wenn der Mensch stirbt, dann geschieht das aus natürlicher Sicht infolge eines Herzinfarktes, eines bösen Tumors, einer Infektionskrankheit usw.; aus dämonologischer oder geistlicher Sicht hingegen stirbt er, weil sein Tod eine Folge der Sünde ist.«*[3]

Beide Aspekte gehören zusammen. Wir können den einen nicht vom anderen trennen. Der Mensch ist ein Ganzes und muss ganzheitlich gesehen werden.

7. Bei okkult Belasteten handelt es sich oft um Menschen, die unzufrieden, haltlos und unsicher sind. Sie suchen Gewissheit und Klarheit bei Götzen oder dunklen Mächten. Sie lassen sich auf Horoskope und Kartenlegen ein, um Bestätigung für Fragen und Zweifel zu bekommen, die sie im christlichen Glauben nicht gefunden haben. In ihrer Angst und Selbstunsicherheit klammern sie sich an dämonische Mächte. Diese Grundängste, die im Leben weit zurückliegen, müssen auch in Beichte und Gebet angesprochen werden.

8. Die Erlösung durch Jesus Christus ist vollständig, wir benötigen keine zusätzliche oder umfangreichere Erlösung. Jesu Sieg über die Mächte des Bösen gilt uneingeschränkt. Wir sind Erlöste, begnadigte Sünder, und haben ewiges Leben. *»Das Blut Jesu Christi, seines Sohnes, reinigt uns von jeder Sünde.« (1. Johannes 1, 7)*

KAPITEL 5

Wege aus der Angst

Niemand muss die Angststörungen wie eine unheilbare Krankheit erdulden, niemand muss sich ein Leben lang mit Angststörungen abplagen. Es gibt viele Ratschläge, aber auch beraterische und seelsorgerische Hilfe. Und es gibt Anregungen aus dem christlichen Glauben, die das Denken, Fühlen und Handeln eines Menschen umstellen können.

In diesem Kapitel werden viele konkrete Schritte angesprochen, und Sie werden effektive Heilhinweise bekommen. Ich werde Ihnen erprobte Gegenmittel vorstellen und biblische und geistliche Antworten zur Sprache bringen.

Nicht jeder Tipp wird auch für jeden Betroffenen nachvollziehbar sein. Nicht jeder Tipp wird von allen Betroffenen als heilsam empfunden werden. Menschen, die von großer Angst heimgesucht werden, wollen sich nicht immer damit auseinander setzen. Sie meiden Orte, an denen sich die Angst entwickeln kann, und ziehen sich vor allen Gefahren zurück. Auf diese Weise werden sie keine Hilfe erfahren.

Beten Sie um Gottes Beistand und nehmen Sie eine Aufgabe in Angriff. Probieren Sie einige Schritte aus, von deren Richtigkeit Sie überzeugt sind. Wer sich nicht auf den Weg macht, wird keine Veränderung erfahren. Wer ängstlich abwartet, wird lediglich seine Qual verlängern.

Noch ein Trost: Die Zeit arbeitet für Sie! Im Alter lassen erfahrungsgemäß die Ängste nach. Schon mit 50, spätestens mit 60 Jahren sind die meisten Ängste verschwunden.

Der Gipfel der Angsterkrankungen liegt bei 36 Jahren. Dann lassen sie allmählich nach.

Es versteht sich aber von selbst, dass niemand schmerzerfüllt und das Leben verneinend abwarten soll, bis er ein mehr oder weniger angstfreies Alter erreicht hat.

Wer leidet, nimmt hoffentlich verschiedene Schritte in Angriff. Wer sein Leben mit Angst belastet sieht, tritt hoffentlich der Angst energisch entgegen. Die folgenden Ratschläge, die Hilfen zur Befreiung von der Angst sind, setzen zwar ganz unterschiedliche Akzente, aber allen gemeinsam ist, dass es sich um Aktivitäten handelt, die praktiziert werden wollen.

Tipp 1:
Wenn Sie Ihre Einstellung ändern, haben Sie den Anfang gemacht

Einige Therapierichtungen und die Seelsorge gehen davon aus,

- dass die Persönlichkeit des Betroffenen geändert werden muss,
- dass nicht das Symptom, beispielsweise Furcht vor dem Erröten, im Vordergrund steht,
- dass der Mensch eine andere Einstellung zu seinen Schwierigkeiten gewinnen sollte.

Die Änderung der persönlichen Einstellung kommt auch in der Bibel vor. Sie spricht von Buße, von Gesinnungsänderung und von Umkehr.

»Doch all das überwinden wir durch den, der uns geliebt hat. Denn ich bin gewiss, weder Tod noch Leben, weder Engel noch Mächte, weder Gegenwärtiges noch Zukünftiges, weder Gewalt

in der Höhe oder Tiefe noch irgendeine andere Kreatur können uns scheiden von der Liebe Gottes, die in Christus Jesus ist, unserem Herrn.« (Römer 8, 38f)

Die Einstellungsänderung beinhaltet auch eine *Sichtänderung*. Wer auf seine Angst schaut, wird von seiner Angst aufgefressen. Wer auf Christus schaut und sich auf ihn rückhaltlos verlässt, der erlebt Beistand und Befreiung.

Zwangsstörungen, die immer mit Angst verbunden sind, gehen in der Regel mit *festen Ritualen* einher. Menschen mit Zwangsstörungen halten feste Rituale ein. Die Einstellungsänderung betrifft auch diese Rituale.

Hier einige Beispiele:

- »Ich darf meine Einkaufstasche nur auf Holz stellen, das anschließend mit einem Desinfektionsmittel gereinigt werden kann.«
- »Bevor ich einen fremden Raum betrete, muss ich vor der Schwelle wenigstens einmal mit beiden Füßen zurücktreten, sonst erwartet mich im fremden Raum etwas Unangenehmes.«
- »Wenn ich mehrere Pillen einnehme, müssen sie im Dreieck oder im Viereck oder im Rechteck liegen. Nehme ich sie ungeordnet ein, schaden sie mir.«

Solche Angst-Rituale sind für den Betroffenen zuerst einmal eine Entlastung. Er glaubt, mit diesen Zeremonien und Ritualen sich freizukaufen, Unglück abzuwehren, Bedrohungen zu verhindern und göttlichen Strafen aus dem Wege zu gehen.

Tief in seinem Innern weiß ein Mensch mit Zwangssymptomen, dass solche irrationalen Praktiken unsinnig sind. Aber er *muss* sie ausführen, um seinen inneren Frieden zu sichern. Kommt er diesen »Muss-Aufforderungen« nicht nach, überwältigt ihn wieder eine unvorstellbare Angst.

Es ist hilfreich, diese Rituale mit einem Gebet zu unterlaufen.

- »Herr, ich stelle die Einkaufstasche bewusst auf eine Decke, ich vertraue dir und befehle mich deinem Schutz an!«
- »Herr, ich gehe mit dir in diesen fremden Raum. Du bist bei mir, was auch immer mich erwartet.«

Ritualisierte Verhaltensmuster aber, denen eine magische Wirkung zugedacht wird, sind abergläubische Praktiken. Der Christ verlässt sich im Glauben auf Christus und nicht auf selbst entworfene Abwehrstrategien. Der Christ vertraut Christus mehr als seinen selbst entworfenen Praktiken gegen die Angst.

Tipp 2:
Wer im Glauben vertraut, erfährt ein erfülltes Leben

Ein interessanter Zeitschriftenartikel von Pater Dr. Jörg Müller, Theologe und Psychotherapeut aus Freising, setzt sich mit Angst und Lebenslust auseinander und fragt sich, wo denn die ganzen fröhlichen Christen geblieben sind. Er wundert sich darüber, dass 75 % der Christen Angst vor der Hölle haben und immer noch versuchen, ihre Kinder durch moralisierende Belehrung zu angepassten Menschen machen zu wollen. Dabei geht es im Christentum doch um Vergebung, um Heilung, um das Leben in seiner ganzen Fülle.

Der Theologe wörtlich: *»Aus Angst vor Fehlern oder vor Sympathieverlust wagen sie nichts. Sie leben nicht, sie existieren nur. Da vergeht einem die Lust am Leben.*

Das Gegenteil von Lust ist Angst. Jesus sagt oft genug: ›Habt keine Angst!‹ Und er wagt Dinge, die schon damals unverschämt neu waren. Er lässt sich auf Sünder ein, er pflegt Umgang mit fragwürdigen Männern und Frauen, er kümmert sich wenig darum, wie er ankommt. Fresser und Säufer nannten sie ihn. Und dann die Hochzeit zu Kana. Bereits seit Tagen feiert das ganze Dorf, und es gibt keinen Wein mehr. Statt nun zu sagen: ›Leute, genug gefeiert, ihr seid ja schon besoffen,‹ schafft er noch weitere 600 Liter besten Weins heran. Da müssen die Wände gewackelt haben.«[1]

Die Botschaft Jesu kann gründlich missverstanden werden, sie wird dann allein auf Opfergesinnung, Verzicht und Entsagung reduziert. Viele Christen praktizieren Selbsterniedrigung und Selbstvernichtung. Viele haben Angst vor Fehlern, vor Liebesverlust, vor Sympathieverlust, deshalb wagen sie nichts. Ihnen vergeht vor lauter Angst die Lust am Leben.

Noch einmal Jörg Müller: *»Aus Angst, an Größe zu verlieren, wachsen viele nicht. Aus Angst, weinen zu müssen, lachen manche nicht mehr. Aus Angst, hochmütig zu werden, machen sich viele Menschen klein.*

Denen rufe ich zu: ›Macht euch nicht so klein, so groß seid ihr nicht. Lebt endlich einmal, sonst besteht eure wahre Schuld im Misstrauen der Gnade Gottes gegenüber.‹«[2]

Überlegen Sie einmal: Wie oft begegnet uns in der Bibel das Wort »glückselig«? Wie oft begegnet uns dort das Wort »Freuet euch!«

Ich habe ja schon einmal gesagt: Wer auf die Angst schaut, wird von der Angst aufgefressen. *Wir* produzieren die Angst, *wir* bringen sie zur Entfaltung.

Wer auf Jesus schaut, erlebt Befreiung. Wer auf ihn sieht, erfährt ein *erfülltes Leben.*

Tipp 3: Treten Sie einer sozialen Phobie entgegen

Interessant ist, dass viele Schauspieler und Politiker eine Karriere als Sozialphobiker hinter sich haben. Wurde ihnen auf der Bühne, vor dem Mikrofon oder in Talk–Shows aber einmal Erfolg zuteil, wurden sie gehört, angenommen und ernst genommen, dann reduziert sich ihre Angst enorm. Mit anderen Worten: Positive Erfahrungen verringern die soziale Phobie. Eine Erfolgsbestätigung verringert das Angstpotenzial.

Sozialphobiker sind häufig sehr ehrgeizig, wollen glänzen und sich hervortun, haben Angst vor Niederlagen und Blamagen und nehmen sich selbst sehr wichtig und streben krampfhaft danach, ein perfektes Image zu wahren. Sozialphobiker zeigen eine übergroße Menschenfurcht. Sie machen sich abhängig davon, was andere über sie denken, was andere von ihnen halten können und wie sie beurteilt und bewertet werden.

Im 1. Korintherbrief ruft Paulus den Christen zu: *»Gott hat einen hohen Preis für euch bezahlt, deshalb werdet nicht Sklaven von Menschen.« (1. Korinther 7,23)*

Wer sich von Menschen abhängig macht, schaut in erster Linie auf ihre Wertschätzung. Er will von anderen geliebt, bewundert, anerkannt und beachtet werden. Bewusst oder unbewusst schiebt er Gott ins zweite oder dritte Glied.

»Gott über alle Dinge zu lieben«, fällt uns sehr schwer. Und je mehr wir in die Abhängigkeit von Menschen geraten, desto mehr stärken wir auch soziale Ängste.

Die Bibel nennt diese Eigenschaften *Stolz* und *Hochmut*. Viele Sozialphobiker können sich nicht erklären, warum Stolz und Hochmut ihr Leben kennzeichnen sollten. Je wichtiger dem Sozialphobiker das wird, was Gott von ihm denkt und was Gott von ihm hält, desto eher verliert er auch seine Ängste, die sich häufig um das dicke Ich drehen. Wir stellen Gott unser Leben zur Verfügung. Und je mehr wir uns in ihm geborgen wissen, desto mehr verringern sich unsere sozialen Befürchtungen.

Tipp 4:
Kleine Ängste gehören zum Leben

Sie müssen nicht alles medikamentös oder therapeutisch behandeln lassen, was zu Ihrem Angstrepertoire gehört. Bejahen Sie kleine Ängste, die einfach zu Ihnen gehören, wie O-Beine, rote Haare oder Sommersprossen.

Lernen Sie, über kleine Befürchtungen hinwegzusehen, harmlose Ängste zu ignorieren. Lernen Sie, Ängste, die Ihre Beweglichkeit, Ihr Zusammenleben und Ihre Arbeit nicht einschränken, wie Luft zu behandeln.

Eine junge Dame, die in der Modebranche tätig ist, hatte im Auftrag ihrer Firma eine Reise bis nach Rom angetreten. Angestellte der Firma hatten ihr Bahnkarten besorgt und im Großraumwagen jeweils Fensterplätze gebucht. Als sie zurückkam und wir wieder einen Gesprächstermin ausgemacht hatten – dabei ging es um Eheprobleme –, wollte sie unbedingt vorher ein »quälendes Problem« loswerden.

»Ich habe eine Angst entdeckt, die mich seither stark beunruhigt«, sagte sie mir. »Wenn ich einen Fensterplatz gebucht habe, treibt mich das Angstgefühl um. Ich kann mich nicht frei bewegen, kann nicht einfach aufstehen, wann und wie ich will, denn der Platz neben mir ist belegt. Ich habe Angst, ich könnte stören, könnte den Mitreisenden auf den Wecker fallen, mich blamieren und ein schlechtes Bild von mir hinterlassen.«

Ich: »Sie reagieren mit Angst, wenn Sie nicht allen Menschen gefallen. Sie schämen sich, wenn Sie stören.«

Frau: »Genau das ist mein Problem. Ich habe mich ständig im Auge. Ich will keinen Anstoß erregen und gut ankommen.«

Ich: »Wenn Sie wollen, können Sie bei zukünftigen Fahrten lernen, Ihre Durchsetzungskraft zu stärken. Nehmen Sie sich vor, Ihren Sitznachbarn mindestens fünfmal zu stören, um Ihre Form der Angst zu überwinden.«

Frau: »Muss ich das wirklich tun? Gehört das tatsächlich in mein Therapieprogramm?«

Ich: »Sie *müssen* natürlich nicht. Sie allein entscheiden, wie Sie mit Ihrer Angst am besten umgehen!«

Frau: »Aber ich muss häufig solche Bahnfahrten machen. Sie gehören zu meinem Job!«

Ich: »Welche anderen Lösungen bieten sich dazu an, dass Sie ohne große Komplikationen diese Angst bewältigen?«

Frau: »Ich glaube, ich hab's. Für mich ist der Fensterplatz nicht lebensnotwendig. Es macht mir nichts aus, in der Gangmitte zu sitzen. Außerdem lese ich in der Bahn viel, der Blick nach draußen reizt mich nicht.«

Ich: »Und Sie halten das nicht für eine Flucht vor der Realität?«

Frau: »Als ich diese Angst zum ersten Mal erlebt habe, war ich schon schmerzlich berührt. Aber ich bin jetzt überzeugt, dass die Alternativlösung gut und völlig unproblematisch ist.«

Mit diesem Beispiel wollte ich zeigen, dass harmlose Ängste, die das Leben nicht bedrohen oder ernsthaft beschneiden, nicht unbedingt bearbeitet werden müssen. Auch dann nicht, wenn hilfreiche Therapiemöglichkeiten zur Verfügung stehen. Jeder von uns erlebt unangenehme Ängste, die aber das Wohlbefinden nicht ernsthaft einschränken.

Tipp 5: Lachen Sie der Angst ins Gesicht

Victor E. Frankl, der Begründer der Logotherapie, war einer der Ersten, der die übliche Vorstellung ablehnte, dem Ratsuchenden mit äußerster Distanz zu begegnen. Er ermutigte seine Klienten, all dem ins Gesicht zu lachen, was sie ängstigte und beschämte. Frankl unterstützte seine Klienten darin, den Mut zur Lächerlichkeit aufzubringen. Er hatte schon früh erkannt, dass die eigentliche Ursache der Angststörung im Denken des Betroffenen zu suchen ist. Nicht der aufwühlende Affekt ist das große Problem, sondern die falsche gedankliche Stellungnahme, die Angst vor der Angst, das Misstrauen, einer Sache nicht gewachsen zu sein oder die Kontrolle darüber verlieren zu können.

Wie man der Angst ins Gesicht lachen kann, möchte ich ebenfalls an einem Beispiel aus der Beratung verdeutlichen:

Ich hatte ein Telefongespräch mit einer Frau, die kurz vor Weihnachten einen ausgesprochen lieblosen Brief ihrer einzigen Tochter erhalten hatte. Dieser bestand fast nur aus Vorwürfen und Anklagen und belastete die Mutter schwer. Schon vor Wochen hatte die Tochter einen etwa 20 Seiten langen Brief geschrieben, der aus unzähligen Beschuldigungen und Vorwürfen bestand. Dabei hatten die Eltern eine Menge Geld in die sehr teure Ausbildung ihres Kindes gesteckt. Die Mutter weinte. Der Brief, noch dazu kurz vor dem Weihnachtsfest, hatte sie zutiefst gekränkt. Außerdem stand in Kürze noch ihr Hochzeitstag an. Jedenfalls lag sie nun mit Kopfschmerzen im Bett. Am Telefon las sie mir einige Passagen vor. Der 20-Seiten-Brief, den sie einige Wochen zuvor erhalten hatte, schwirrte ihr ebenfalls noch im Kopf herum.

Gemeinsam überlegten wir, was sie der Tochter antworten könnte. Schließlich einigten wir uns auf einige provokative Sätze, die etwa folgenden Inhalt hatten:

»Liebe Tochter!
Es stimmt augenscheinlich, du hast eine schreckliche Mutter, die nahezu alles falsch gemacht hat. Dein Brief zu unserem Hochzeitstag ist mir da eine willkommene Abwechslung. Vater und ich wünschen dir gesegnete Feiertage und hoffen zuversichtlich, dass du uns auch weiterhin mit Liebesbriefen beglückst.«

Als der Brief fertig war, musste die Frau laut lachen. Da war der Bann gebrochen, der kränkende Schmerz verflogen. Sie konnte wieder unbeschwert über sich lachen. Sie hatte sich von dem belastenden und bedrückenden Problem – nämlich eine Mutter zu sein, die versagt hatte – distanziert. Und dieses Problem hatte keine Macht mehr über sie.

Es ist in der Tat so: Jede Angst hat einen Gegenspieler, nämlich den Humor. Frankl bezeichnete diese therapeutische Technik als »paradoxe Intention«. Der Ratsuchende wird ermutigt, der Angst ins Gesicht zu blicken, ja geradezu ins Gesicht zu lachen.

Wenn wir unserer Angst ins Gesicht lachen können, hat sie ihre Macht eingebüßt.

Lachen stärkt das Immunsystem

In einer Zeitschrift las ich einen Beitrag mit dem Titel »Lachen gegen die Angst«. Dort wurde aufgeführt, dass Lachen das Immunsystem stärkt und Spannungen abbaut. *»Die durch Lachen ausgelösten Aktivitäten betreffen sowohl die Muskulatur, die Atmung als auch neurologische Vorgänge. Die Auswirkung des Lachens auf die Muskulatur ist äußerst vielfältig. Insgesamt sind dabei etwa 80 Muskeln beteiligt. Fachleute betonen,*

- *dass die Lungenfunktion konvulsivisch (krampfhaft, zupackend) gesteigert wird;*
- *dass der Gasaustausch in der Lunge gegenüber dem Ruhezustand um das Drei- bis Vierfache gesteigert wird;*
- *dass sich die Zahl der natürlichen Killerzellen erhöht;*
- *dass es zu einer Vermehrung der Immunglobuline – der Antikörper, die Viren und Bakterien bekämpfen – kommt*
- *und dass Zytokine – signalübertragende Botenstoffe – das Wachstum der Tumorzellen hemmen.*

Lachen und Humor mobilisieren die Selbstheilungskräfte. So ist es verständlich, dass in verschiedenen Therapierichtungen systematisch das Lachen eingesetzt wird, um Muskelverspannungen und Depressionen zu verringern.«[3]

Das gilt auch für Christen. Neben Bibel und Gebet gehören Lachen und Humor zu unserem Leben. Wer aus Christus lebt, kehrt Freude und Zufriedenheit nach außen. Wer aus Christus lebt, hat in der Tat etwas zu lachen.

Tipp 6: Über den Umgang mit Entspannungstechniken

Wer Angst hat, ist verspannt. Ganze Körperzonen sind hart geworden. Wer in diesem Fall Entspannungsübungen bevorzugt, betreibt Symptomkosmetik.

Der Betroffene erlebt nach der Entspannung, dass seine Muskeln und bestimmte Körperzonen frei von Beschwerden sind, er fühlt sich gelöst und ausgeglichen und ist einige Stunden von seinen Angstsymptomen abgekoppelt.

Und dann? Die Angst sitzt ja nicht in den Muskeln! Die Angst ist im Kopf, meinetwegen im Herzen, im Zentrum unserer Persönlichkeit.

Die Quelle der Angst ist durch Entspannungsübungen also gar nicht bearbeitet worden. Die *Gedanken*, die Angst – und damit Verspannungen – auslösen, wurden nicht korrigiert. Die *irrationalen Überzeugungen*, die die Angst noch beflügeln, wurden ausgeklammert.

Zu den Entspannungstechniken gehören

- das autogene Training,
- die progressive Muskelrelaxation
- und die Hypnose.

Natürlich sind diese Techniken bei bestimmten Krankheitsbildern durchaus effektiv, bei Angststörungen allerdings bringen sie lediglich stundenweise Entlastung, denn das Kernproblem im Hintergrund bleibt unangetastet.

Der Mediziner und Psychologe Professor Bandelow kommt zu folgendem Ergebnis: *»Aber wie steht es nun um die Wirksamkeit der Hypnose bei Angststörungen? Alle medizinischen Hypnotiseure würden selbstverständlich dazu raten, Angsterkrankungen mit Hypnose zu behandeln. Die einzigen beiden vorliegenden Untersuchungen sprechen der Hypnose aber jegliche Wirkung ab.«*[4]

Angststörungen spiegeln einen bestimmten Lebensstil des Betroffenen wider. Er hat sich eine Reihe von Reaktionen und irrationalen Überzeugungen antrainiert. Diese Überzeugungen haben sein Denken, Fühlen und Handeln geprägt. Und solange diese falschen Lebensgrundüberzeugungen nicht korrigiert werden, helfen auch die genannten Entspannungstechniken nicht.

Tipp 7:
Sprechen Sie Ihre Ängste aus

Verdrängte Ängste setzen sich in der Tiefe der Person fest, im Unbewussten. Sie können den Organismus schädigen und psychosomatische Erkrankungen herbeiführen. Wer mit seiner Angst allein bleibt, leidet und kann in Panik geraten. Angst kann Bluthochdruck, Kreislaufbeschwerden und belastende Körperreaktionen hervorrufen.

Wer seine Ängste offen ausspricht, findet Erleichterung. Auch mit Gott können wir über unsere Ängste und Befürchtungen sprechen. Wir haben in ihm einen Begleiter, einen Ermutiger und einen Rechtsbeistand.

Der amerikanische Theologe David Seamands hat ein Wort aus dem Johannes-Evangelium, das den verheißenen Tröster charakterisiert, so übersetzt: *»Ich werde euch einen Parakleten senden, der als Rechtsbeistand kommt, wenn ihr ruft, der mit euch zusammen auf der anderen Seite Fuß fassen wird.« (Johannes 14,16–18)*

- *Auf der anderen Seite,* wo die Angst ein Ende hat,
- *auf der anderen Seite,* wo Einsamkeit und Hilflosigkeit uns nicht mehr quälen können,
- *auf der anderen Seite,* am anderen Ufer, wo wir mit ihm einen starken Brückenkopf bilden.

In Christus sind wir niemals allein, wir sind keine kosmischen Waisenkinder.

Was geschieht, wenn Sie auf eine Angst erregende Situation nicht mit Gegenmaßnahmen reagieren? Der Konflikt bleibt bestehen. Ein weiterer Misserfolg kommt hinzu. Ihre Selbsterkenntnis macht keine Fortschritte. Sie entfalten sich nicht. Sie schränken ihre Entwicklung ein. Sie nehmen sich jede Möglichkeit, neue Erfahrungen zu machen. Sie schaffen unter Umständen neue Konflikte. Sie ziehen sich zurück. Ihre Kommunikationsbereitschaft lässt nach.

Wer Angst verdrängt, hat sie einen Augenblick aus seinem Gesichtsfeld verbannt, aber in der Tiefe unserer Persönlichkeit führt sie ein gefährliches Eigenleben. Viele Störungen liegen da im Dunkeln und terrorisieren unseren Organismus. Eine Reihe organischer Leiden haben wir der Verdrängung zu verdanken.

Tipp 8:
Erkennen Sie die Ziele Ihrer Angst

Angst wird unbewusst benutzt und in Dienst gestellt. Es ist hilfreich, die Ziele und Motive der Angst zu durchschauen.

Was wollen Kinder und Erwachsene erreichen? Schauen Sie sich einmal das Gegenüber des Menschen an, der Angst hat.

- Soll das Gegenüber *erpresst* werden?
- Soll das Gegenüber *beeindruckt* werden?
- Soll das Gegenüber *nachsichtig* gestimmt werden?
- Soll das Gegenüber *bestraft* werden?

Es gibt vier Ziele, die mit Angst erreicht werden können:

Ziel 1:
Ich benutze Angst als Entschuldigung für eigene Mängel
Angst hindert mich daran, in den Keller zu gehen, meine Schularbeiten zu machen oder allein zu spielen. Mit der Angst habe ich also eine Entschuldigung in der Hand.

- Ich rede mich heraus.
- Ich suche Entschuldigungen.
- Ich will mich drücken.
- Ich will keine Verantwortung übernehmen.

Ziel 2:
Ich benutze Angst, um überstarke Aufmerksamkeit zu erregen
Alle müssen sich mit mir beschäftigen. Mit meiner Angst ziehe ich alle Blicke und das Interesse auf mich. Das Kind, das nicht schlafen will, erfindet viele Ängste, um die Eltern zu beschäftigen. Das Kind, das sich vernachlässigt fühlt, erfindet viele Tricks, um Eltern und Erzieher zu ärgern, zu stören und zu zwingen, sich mit ihm zu beschäftigen. Sowie Eltern positiv darauf reagieren, merkt das Kind, dass es Erfolg hatte, und behält diese Praktiken bei.

Ziel 3:
Mit Angst übe ich Macht aus
Mit meiner Angst zwinge ich die anderen, stelle sie in meinen Dienst.

Mit Angst kann man eine erhebliche Tyrannei ausüben. Kinder können mit ihrer Angst Erwachsene terrorisieren. Kinder, die wütend sind und im Machtkampf mit den Eltern liegen, praktizieren böse Machtspiele. Für Eltern und Erzieher gilt dann: Nichts wie raus aus diesem Machtkampf! In der Regel unterliegen die erziehenden Personen, denn sie haben die schlechteren Nerven und die geringere Geduld.

Fragen Sie sich einmal:

- »Was haben *wir* gemacht, dass unser Kind zu diesen Mitteln greift?«
- »Was haben *wir* nicht ernst genommen, dass unser Kind sich gegen uns stellt?«

Ziel 4:
Mit Angst kann ich mich rächen
Angst wird auch dazu benutzt, Vergeltung zu üben. Selbstmorddrohungen jagen Angehörigen große Angst ein und bringen sie dazu, Rücksicht zu nehmen. Mit Eifersuchtsangst wird der Partner an die Kette gelegt. Er wird Tag und Nacht überwacht.

Vielleicht haben Sie es gemerkt: In den Zielen wird eine Steigerung deutlich. Je weniger ein Mensch mit seinen Wünschen und Vorstellungen durch die Ziele 1 und 2 zum Zuge kommt, desto mehr wird er die destruktiven Ziele 3 und 4 einsetzen.

Wie aber bekommen Eltern und Erzieher heraus, welches Ziel das Kind mit Angst verfolgt? Wenn wir ruhig und nicht aggressiv fragen, bekommen wir auch eine Antwort vom Kind. Wenn wir dagegen erregt sind, kommen unsere Fragen wahrscheinlich eher wie Vorwürfe an. Deshalb: Fragen Sie ohne Bitterkeit!

- »Möchtest du, dass ich mich mit dir beschäftige? Fühlst *du* dich vernachlässigt und übersehen?« *(Ziel 2)*
- »Möchtest du mit mir kämpfen? Ich habe den Eindruck, du bist wütend? Möchtest du darüber reden?« *(Ziel 3)*
- »Möchtest du mir wehtun? Haben wir dich so sehr enttäuscht? Hast du eine Idee, wie wir aus diesem Kampf herauskommen?« *(Ziel 4)*

Wer *zwingt*, wer *schimpft*, wer *droht* und *erpresst*, verschlimmert die Beziehung. Eltern und Erzieher müssen wieder friedlich mit den Kindern umgehen. Nur ruhige Gespräche verringern die Beziehungsstörung und bauen die versteckten Ängste der Kinder ab.

Tipp 9:
Fördern Sie das Selbstvertrauen Ihrer Kinder

Wer Ängste bei Kindern klein halten will, sollte ihr Selbstvertrauen fördern. Die Stärkung des Selbstvertrauens ist der beste Weg, Unsicherheit, Befürchtungen, Lebensangst und Beziehungsstörungen zu vermeiden.

Sechs Verbote und sechs konkrete Hilfen können Eltern und Erzieher praktizieren.

Sechs Verbote:

- Du darfst die Ängste des Kindes nicht missachten.
- Du darfst das Kind nicht überbeschützen. Vermeide es, dass es sich hilflos und abhängig fühlt. Bemitleide es nicht.
- Weise das Kind nicht ab. Lass es sich nicht einsam fühlen.
- Verspotte das Kind nicht, wenn es sich fürchtet.
- Zwinge das Kind nicht in Situationen, die es fürchtet.
- Belaste es nicht mit deinen Sorgen und Befürchtungen.

Bitte überprüfen Sie Ihre Erziehungspraktiken daraufhin, welches Verbot Sie missachten.

Sechs konkrete Hilfen:

- Fördere das Vertrauen in die Fähigkeiten des Kindes.
- Glaube an das Kind und ermutige es in seinem Tun.
- Lass es fühlen, dass es immer geliebt und beschützt wird.
- Höre ihm geduldig zu und zeige Verständnis für seine Ängste.

- Gib ihm durch vernünftige Bewältigung von Gefahren deinerseits ein Beispiel.
- Gib ihm eine Gelegenheit, seine Angst aktiv zu überwinden.

Bitte überprüfen Sie auch hier Ihre Erziehungspraktiken, und versuchen Sie herauszufinden, welche konkreten Hilfen Sie missachten! Versuchen Sie aber nicht, alle Hilfen auf einmal anzuwenden. Fangen Sie mit einem Punkt an, und überprüfen Sie den Erfolg!

Tipp 10: Eine Formel gegen die Angst

Dale Carnegie, dessen Bücher in der ganzen Welt Millionenauflagen erreichten, beschrieb einmal eine »Formel«, um peinigende Angstsituationen zu überwinden. Er zeigt auch deutlich und präzise den therapeutischen Effekt. Wenn also ein Problem auftaucht, das uns niederdrückt und unlösbar erscheint, gehen wir folgendermaßen an die Sache heran:

- »1. Fragt euch, was ist das Ärgste, das möglicherweise geschehen kann?
- 2. Seht zu, dass ihr euch damit abfindet, wenn es sein muss.
- 3. Dann trachtet in aller Ruhe danach, dem Schwersten, wenn möglich, die Spitze abzubrechen.«[5]

Worin liegt der Effekt?

Die *Bejahung* des einmal Geschehenen bildet den ersten Schritt zur Überwindung der Folgen jedweden Missgeschickes.

Die *Bejahung* des Schlimmsten gibt Ihnen stückweise inneren Frieden zurück und setzt Kräfte frei, Lösungsmöglichkeiten zu versuchen. Wer sich auf das Schlimmste gefasst gemacht hat, kann nichts mehr verlieren. Er kann nur noch gewinnen.

Zorniges Aufbegehren, sich nicht mit dem Zugestoßenen abfinden können, zerstört alle positiven Ansätze. Das Leben erscheint sinnlos und leer. Jeder Neuanfang ist durch Verzweiflung und Angst blockiert. Verbittert weigert sich der Mensch, aus den Trümmern zu retten, was zu retten ist. Das Nachdenken ist gelähmt. Der Stillstand verlängert die empfundene Ausweglosigkeit.

Tipp 11: Beten Sie über Ihrem Säugling

Wir wissen, dass unsere Lebenseinstellungen auf den Erfahrungen und Erlebnissen unserer Kindheit aufbauen.

Kinder sind Spiegelbilder der Eltern. Wir bemühen uns aber zu oft, Vererbung und Veranlagung als Hauptschuldige zu benennen, wo wir eigentlich von Nachahmung, Lernen aus Erfahrung, von Lernen vom Vorbild sprechen müssten.

Kinder sind hervorragende Beobachter. Weil sie groß werden wollen, schauen sie auch ganz genau auf die Großen.

Der Glaube des Jugendlichen bzw. des Erwachsenen hat etwas mit den Ur-Erfahrungen der Säuglingszeit zu tun. Die Lern- und Wahrnehmungsfähigkeit des Säuglings ist enorm. Auch ist der Körper des Säuglings ein höchst sensibles Instrument, das die feinsten Begegnungen mit der Außenwelt – sprich mit Vater und Mutter – wahrnimmt. Weil es negative Gefühle wie Schreien, Schimpfen, Aufgeregtsein, Angst und Unzufriedenheit nicht rational deuten kann, registriert es *mit seinem ganzen Wesen* die destruktiven Stimmungen der Bezugspersonen. Dadurch wird das Baby belastet und verunsichert. Es gerät aus dem seelischen Gleichgewicht und »verkörpert« Unwohlsein.

Viele Fachleute sehen in der Urangst, die vor allem durch den Geburtsvorgang ausgelöst wurde, den Urgrund aller Ängste. Selbstverständlich ist die Urangst dem Jugendlichen und dem Erwachsenen später nicht bewusst. Aber es ist schon merkwürdig, dass Menschen bis zum 25. Lebensjahr instinktiv nach der Mutter rufen, wenn sie in großen Nöten sind. Nur die Mutter als ständige Bezugsperson kann diese Urangst mildern und durch Geborgenheit ersetzen.

Und wenn die Ausstrahlung der Eltern positiv ist? Wenn besonders die Mutter Zufriedenheit und sattes Wohlgefühl ausstrahlt? Wie Seismographen reagieren die Seelen der Säuglinge auch darauf. Die wohltuende Stimme von Vater und Mutter, der beruhigende und zärtliche Tonfall sind heilsam für das Baby.

Das Kind wird das Gebet, das die Eltern sprechen, nicht verstehen, es kann den Inhalt nicht begreifen, aber es erlebt Eltern, die sich im Glauben und im Vertrauen dem Schöpfer aller Geschöpfe zuwenden und jene Ruhe, Gelassenheit und Entspannung widerspiegeln, die sie von Gott empfangen haben. In die Tiefe der Seele des Säuglings prägen sich Bilder der Geborgenheit ein. Er fühlt sich gehalten, getragen und erfährt einen Schutz, der höher ist als alle menschliche Vernunft. Die Eltern leben aus der Geborgenheit Gottes, die sie an den Säugling weitervermitteln.

Das Gebet über dem Säugling hat nichts mit Magie zu tun. Die Eltern versuchen ja nicht, über das Gebet eine magische Bindung zwischen Gott und dem Kind herzustellen. Aber wie der betende Glaube bei den Eltern Leib, Seele und Geist verändert, wie er den gesamten Organismus beeinflusst, so erfährt auch das Kind – wiederum mit seinem gesamten Organismus –, dass bei gefalteten Händen Ruhe, Ausgeglichenheit und Frieden in die Eltern – und damit in das Baby – strömen.

Das Sprechen mit Gott, dem Schöpfer des Lebens und dem Geber aller guten Gaben, vermittelt Mutter und Kind Freude. Das Kind wächst in diese innige Beziehung mit Gott hinein. Das sprechunfähige Kind soll nicht in erster Linie an Formen und Rituale gewöhnt werden. Aber der Säugling wird im Gebet der Mutter mitgetragen.

Da Unsicherheit und Angst nicht trainiert werden, können sich auch Lebensangst und Verlassenheitsangst nicht entwickeln.

Tipp 12:
Beten hilft, Angst zu bewältigen

Sie merken, die fachliche und beraterische Hilfe steht neben der geistlichen. Beide Bereiche machen uns effektive Angebote.

Wenn vom *richtigen* Beten die Rede ist, heißt das, dass es auch ein *falsches* Beten geben muss. Ich bin immer mehr davon überzeugt, dass viele Menschen falsch, das heißt unaufrichtig und unehrlich beten können.

Sie wollen zwar Hilfe, aber keine Änderung. Sie wollen Befreiung von ihrer Angst, aber ohne etwas dafür zu tun. Sie möchten ein Wunder, wollen aber nicht an ihrer Gesinnungsänderung arbeiten.

Nur wenn ich die *Motive* der Angst genau erkannt habe, werde ich mit Gottes Beistand jenen Hintergründen gezielt das Handwerk legen können.

Wer im Gebet entdeckt hat,

- dass er sich vor den Aufgaben des Lebens drückt,
- dass er Schwierigkeiten ausweicht und
- dass er sich in das Schneckenhaus seines Lebens verkriecht,

der betet

- um Kraft, den Forderungen des Alltags zu begegnen,
- um Kraft, Problemen nicht aus dem Wege zu gehen,
- um Kraft, die Schwelle seiner vier Wände mit Gottes Hilfe zu überschreiten.

Das konkrete Gebet, das die versteckten Ängste aufdeckt und die Hintergrundmotive der Angst ans Licht bringt, wird dem Betroffenen eine fühlbare Hilfe sein.

Die Gesinnungsänderung ist ein Geschenk Gottes, gleichzeitig aber auch ein Appell an mich. Das Gebet: »Herr, nimm mir die Angst weg!« ist überaus problematisch. Denn wenn unser Herr das Symptom der Angst mit einer Handbewegung wegfegt, bleiben ja trotzdem noch die irrigen Überzeugungen, die das gesamte Tun und Lassen eines Christen bestimmen.

Hilfreicher ist es da zu beten: »Herr, zeige mir, was ich mit meiner Angst bezwecke, was ich uneingestanden mit meiner Angst erreichen will!

Mache mir deutlich:

- Was drücke ich mit Angst aus?
- Laufe ich vor dem Leben weg?
- Treffe ich durch Angst keine Entscheidungen mehr?
- Bin ich durch Angst arbeitsunfähig geworden?
- Glaube ich meiner Angst mehr als dir, mein Herr?«

Wer die Zielrichtung seiner Ängste entdeckt hat, wer im Gebet Klarheit gewonnen hat, der bringt seine falschen Wünsche und Erwartungen im Gebet vor den lebendigen Gott. Gottes Geist wird spürbar wirksam.

Tipp 13:
Überwinden Sie ungeistliche Ziele der Angst

Unsere Ängste demonstrieren manch fragwürdige Motive. Das können z. B. sein: Welche Sünden verstecken sich hinter meinen Angstmotiven? Welche ungeistlichen Gedanken sind mit den Zielen der Angst verknüpft?

Da ist ein Vorstandsmitglied in einer Kirchengemeinde. Er leidet unter ständigen Schweißausbrüchen und nächtlichen Angst- bzw. Albträumen, die mit Schlaflosigkeit verbunden sind. Er ist bereits von Ärzten und Psychiatern untersucht worden. Körperliche Befunde gab es nicht, Depressionen wurden ebenfalls ausgeschlossen.

In der Beratung wird deutlich, dass sein Leben von einem hochgradigen Ehrgeiz gekennzeichnet ist.

- Ehrgeiz ist Angst, vor Gott und Menschen nicht zu genügen.
- Ehrgeiz ist Angst, besser als andere sein zu müssen.
- Ehrgeiz ist Angst, von anderen überrundet zu werden.
- Ehrgeiz ist Angst, im Beruf und im Glauben Fehler zu machen.

Als er sich mit seinem Ehrgeiz konfrontiert sieht, werden Fragen in ihm geweckt.

- Muss ich besser sein als meine Mitchristen in der Gemeinde?
- Bin ich der Überzeugung, dass ich ohne Ehrgeiz in der Gemeinde vor Gott nicht bestehen kann?
- Bin ich der Überzeugung, dass ich keine Fehler machen darf, weil ich sonst als Ältester den Ansprüchen der Gemeinde nicht gewachsen bin?

Als er seine Schlaflosigkeit sprechen »lässt«, werden seine Zweifel und Sorgen deutlich:

- Nicht der lebendige Gott stellt ihn infage, er selbst ist es, der an sich zweifelt.
- Nicht der lebendige Gott fordert seinen Ehrgeiz heraus, sondern er selbst.
- Nicht die Gemeinde legt ihm eine schwere Bürde auf, sondern er selbst.

Als er seine falsche geistliche Grundeinstellung erkannt hat und seine Sünde konkret vor Gott benennen konnte, ging es ihm körperlich und seelisch zunehmend besser.

So sind Rechthaberei, Gesetzlichkeit, Ehrgeiz und das Sich-Vergleichen mit massiven Ängsten verknüpft, die eine ungeistliche Gesinnung verraten.

Buße tun heißt, die falsche Gesinnung durch Christus erneuern zu lassen.

Tipp 14: Stellen Sie sich Ihren Phobien

Die Verhaltenstherapie hat hier in der Regel wieder die größten Erfolge. Es wird nicht geredet, es wird gehandelt.

Wer eine Hundephobie hat, der wird mit der Hunderasse konfrontiert, die er am meisten hasst und der er aus dem Wege geht. Wichtig ist die Erkenntnis: Wer dem Hund aus dem Wege geht, verstärkt seine Angst, weil sie aufrechterhalten wird. Wer sich der Angst aussetzt, verringert sie. Die Konfrontationstherapie, die in solchen Fällen praktiziert wird, kennt erstaunliche Erfolge.

Es ist logisch, dass der Betroffene erhebliche Angstsymptome produziert. Aber je mehr er mit dem Objekt seiner übertriebenen Angst konfrontiert wird, desto eher verlieren sich die Angstsymptome. Wer sich etliche Male – zuerst nur ein wenig, später dann über einen längeren Zeitraum – mit dem Angst auslösenden Hund beschäftigt hat, gewöhnt sich an das Tier. Alles, was wir gründlich kennen und was uns vertraut ist, verringert unsere Angst. Wenn wir uns zwingen, die Angst auszuhalten, sinkt auch der Angstpegel beständig, der Erregungsstress flaut ab. Wir haben uns an das Tier gewöhnt. Wer sich danach einen Hund als Freund und Begleiter anschafft, hat die Hundephobie vollständig überwunden.

Goethe therapiert seine Höhenphobie

Der Dichterfürst Johann Wolfgang von Goethe beschreibt in einem seiner Bücher, wie er – ohne fremde Hilfe – seine Höhenphobie behandelt hat. Goethe geriet jedes Mal in panische Angst, wenn er auf Türme kletterte, hohe Bauwerke bestieg oder Berge bis hinauf zum Gipfel besteigen wollte. Diese Phobie ärgerte den angesehenen Mann sehr, und schließlich nahm er sich vor, der Höhenangst mutig entgegenzutreten.

Er schreibt: *»Ich bestieg ganz allein den höchsten Gipfel des Münsterturms und saß in dem so genannten Hals unter dem Kopf oder der Krone, wie man's nennt, wohl eine viertel Stunde lang, bis ich es wagte, wieder heraus in die freie Luft zu treten, wo man auf einer Platte, die kaum eine Elle ins Geviert haben* *wird, ohne sich sonderlich anhalten zu können, stehend, das unendliche Land vor sich sieht, in dessen die nächsten Umgebungen und Zierraten, die Kirche und alles, worauf und worüber man steht, verbergen. Es ist völlig, als wenn man sich auf einer Montgolfiere in die Luft erhoben sähe. Dergleichen Angst und Qual wiederholte sich so oft, bis der Eindruck mir ganz gleichgültig war.«*[6]

Goethe bestätigt die These: Wer sich dem Objekt der Angst aussetzt, wird seine Phobien verringern, vielleicht sogar völlig verlieren. Wer aber flieht und das Angstobjekt meidet, wird mit Sicherheit seine Angst aufrechterhalten.

Tipp 15:
Tun Sie das, wovor Sie sich fürchten

Wenn Sie in Angriff nehmen, wovor Sie sich fürchten, ist das Ende Ihrer Angst gekommen.

Ich habe es bei Frau Gisbert erlebt. Sie hatte panische Angst vor dem Lift in ihrem Haus. Sie wohnte im achten Stock, aber es wäre ein Leichtes gewesen, mit dem Aufzug nach oben zu fahren. Aber sie lief zu Fuß die Treppen hinauf. Sie kam in die Seelsorge und nahm sich dann vor, an dem Problem zu arbeiten. Jeden Abend stellte sie sich vor, wie die Menschen in den Aufzug stiegen und froh herauskamen. Sie betete sinngemäß: »Herr, du hast diesen wunderbaren Fahrstuhl als Erleichterung für uns Menschen schaffen lassen. Wir dürfen ihn dankbar in Anspruch nehmen. In ihm ist noch niemand zu Schaden gekommen. Ich weiß, dass ich mir die Angst bloß einrede. Mit dir werde ich morgen hineingehen, mit dir werde ich nach oben fahren, und mit dir werde ich sicher wieder aussteigen.«

Es war an einem Freitag, dem letzten Arbeitstag in der Woche, als sie vor dem Fahrstuhl stand. Noch einmal brach die Angst aus ihr hervor. Doch sie betete und drückte den Knopf. Der Aufzug kam, die Tür öffnete sich und sie stieg ein. Noch während des Einsteigens fiel die Angst von ihr ab. Sie hatte eine Barriere, die sie sich in Gedanken aufgebaut hatte, überstiegen.

Angst hat mit falschen und irrigen Überzeugungen zu tun, die wir in Herz und Nieren kultiviert haben.

Das falsche Denken besitzt eine gewaltige Kraft. Es beeinflusst meine Einstellung, meinen Körper, meine Gebärden, meine Arbeit und nicht zuletzt mein Glaubensleben.

Ich bin das, was ich befürchte.

Angst macht dumm und blockiert. Sie torpediert meinen Lebensmut. Schauen Sie der Angst lieber ins Auge und treten Sie ihr betend entgegen!

Tipp 16: Suchen Sie die Gemeinschaft

Ungeborgenheit und mangelndes Zugehörigkeitsgefühl sind *ein* wesentlicher Grund für Angst. Ich habe schon früher erwähnt, dass Einsamkeit und Verlassenheitsempfindungen Ängste hervorrufen. Diese begleiten den Menschen häufig bis ins Erwachsenenalter. Die Frage lautet: Wie kann der erwachsene Mensch von diesen Ängsten befreit werden? Welche Hilfe kann die Probleme verringern, die mit Arbeitsunlust, Ausweglosigkeit und anderen seelischen Störungen verknüpft sind?

Dr. Gilbert Bilezikian, einer der Begründer der Willow-Creek-Gemeinde, versucht mit einem Wort auszudrücken, wie Gottes Traum für die Menschen aussieht und wie ihnen am effektivsten geholfen werden kann. Dieses eine Wort lautet: *Gemeinschaft*. Schon in der Einleitung seines Buches, das bezeichnenderweise den Titel »Gemeinschaft«

trägt, schreibt er: »*Im Neuen Testament lesen wir, dass die Gemeinde Jesu Christi der Halt (Pfeiler) und der Hüter (Fundament) von Gottes Wahrheit ist. (…) Ich glaube, viele von uns tragen (unbewusst) in ihrem Innern einen leisen Schmerz mit sich herum, der nie verschwindet. Es ist die lebenslange Sehnsucht nach der einen Liebe, die man nie findet, das Schmachten nach einer alles in den Schatten stellenden Intimität von Nähe, von dem wir wissen, dass es nie erfüllt werden wird, ein grundsätzliches Bedürfnis, mit allem, was wir sind, eine Bindung einzugehen, die nie zerbricht. (…) Gottes größte Leistung war nicht die Erschaffung eines einzelnen Menschen, sondern die Erschaffung einer menschlichen Gemeinschaft. (…)*«[7]

Die gelebte Gemeinschaft der Christen ist eine der wichtigsten Hilfen, um Defizite und Mängel des Zusammengehörigkeitsgefühls abzubauen.

Die Gemeinschaft ist seit dem Sündenfall zerstört, aber Jesus und sein Wirken auf Erden legen ein unerschütterliches Fundament für den Bau von Gottes neuer Gemeinschaft. Die vollkommene Gemeinschaft findet sich im Schnittpunkt der beiden Balken des Kreuzes, indem die Menschen, die mit Gott versöhnt sind, auch miteinander versöhnt werden können.

Eine wirkliche Versöhnung beinhaltet immer auch ein Stück Heilung zwischenmenschlicher Mängel. Die Welt hungert nach Gemeinschaft. Menschen, die mit Christus versöhnt sind, erfahren ein neues Zugehörigkeitsgefühl. Sie pflegen Gemeinschaft, sie essen, sprechen und beten zusammen. Besonders Hauskreise und übersichtliche Kleingruppen sind Ankerplätze für Menschen, die heimatlos geworden sind und sich entwurzelt fühlen. Darum können Menschen, die mit Christus versöhnt sind, auch von ihren zwischenmenschlichen Defiziten und Verlustängsten geheilt werden.

Tipp 17:
Gott nimmt uns an der Hand

Das ist leichter gesagt als getan. Was können Sie tun, wenn eine diffuse und undefinierbare Angst Sie befällt? Konzentrieren Sie sich *nicht* auf die Angst. Konzentrieren Sie sich im Gebet auf den, der in allen Lebenslagen unsere Hilfe darstellt.

Gott hat uns in den Psalmen ein Gebetbuch vorgelegt, das uns Trost, Schutz und Beruhigung verspricht. Der Psalm 23 beispielsweise ist die Vergewisserung,

- ich bin in seiner Hand,
- ich erfahre seinen Beistand,
- ich werde seinen Schutz erfahren.

Vielleicht sagen Sie den Satz immer wieder: *»Der Herr ist mein Hirte!«* Betonen Sie jeweils ein anderes Wort. Oder betonen Sie den Satz: *»… ich fürchte keine Unglück, denn du bist bei mir.«* Sie wissen genau, dass Ihre Ängste irrational sind, mit der Wirklichkeit haben sie nichts zu tun. Sie wiederholen und erleben Szenen aus Ihrem Leben wieder, die Ihnen – vermutlich als Kind – große Angst eingejagt haben.

Unser Herr hat die Welt überwunden. Er ist mit allen Ängsten, mit dem Tod und dem Teufel fertig geworden. Wir können unser Leben und unser Vertrauen also beruhigt auf diesen *Befreier* setzen.

Klammern Sie sich an diese Verheißung! Geben Sie der Angst in Ihren Gedanken keinen Raum! Vertrauen Sie darauf, dass *er* bei Ihnen ist.

Das Überraschende in der biblischen Botschaft lautet: »Furcht ist nicht in der Liebe!« Liebe ist das Gegenteil von Angst. Nicht Haltung, Tapferkeit und Heroismus gegen die

Angst spielen eine Rolle, sondern Liebe. Und Liebe meint Bindung, Liebe meint Beziehung.

Wir gehen an der Hand des Vaters durch die Welt. Die bedrängenden Mächte sind noch da. Das wird auf Dürers Bild »Ritter, Tod und Teufel« deutlich. Die Mächte lauern noch am Wegesrand. Aber sie haben keine Macht mehr über den Wanderer. An der Hand des Vaters fühlt er sich sicher. Im dunkelsten Wald ist er geborgen.

»… ich fürchte kein Unglück, denn du bist bei mir.«

Tipp 18:
Heraus aus der Ohnmacht

Ohnmachtsgefühle untergraben das Selbstwertgefühl und das Selbstvertrauen des Kindes und des späteren Erwachsenen. Immer wieder gerät er in Situationen, in denen er *glaubt,*

- wertlos zu sein,
- sich unterlegen zu fühlen,
- völlig auf sich gestellt zu sein,
- keinen Ausweg zu wissen.

Diese destruktiven und entmachtenden Gefühle müssen nicht ein Leben lang anhalten. Aber sie haben sich tief in unser Gedächtnis eingegraben.

Sie können auch schwere Schuldgefühle verursachen, wenn Sie als Eltern Ihre Kinder mit Vorwürfen belasten:

- »Du bringst uns noch ins Grab!«
- »Ist das der Dank für alles, was wir für dich getan haben?«
- »Du kümmerst dich zu wenig um deine Eltern!«

Wer der Ohnmacht verzweifelt und resigniert ins Gesicht schaut, wird von der Ohnmacht verschlungen. Was können Sie tun?

Möglichkeit Nr. 1
Schließen Sie sich mit Freunden oder Gemeindegliedern zusammen, die mit Ihnen auf dem Wege sind.
Denn:

- Ohnmachtsgefühle entstehen, wenn wir einsam sind.
- Ohnmachtsgefühle entstehen, wenn wir uns abschließen.
- Ohnmachtsgefühle entstehen, wenn wir glauben, keiner will mit uns etwas zu tun haben.

Gehen Sie in einen Hauskreis, wo Menschen als Christen miteinander Freud und Leid teilen. Sagen Sie, wie Sie sich fühlen. Sie werden Menschen erleben, die Ähnliches erlebt haben. Gemeinsam teilen Sie schlimme Vergangenheitserfahrungen, aber auch positive Schritte aus der Resignation.

Möglichkeit Nr. 2
Wenn Sie fragend oder zweifelnd vor Ihren Ohnmachtsgefühlen stehen und ihre Hintergründe nicht kennen, wenden Sie sich an einen Seelsorger oder einen Therapeuten, der mit Ihnen die Ursachen der Angst oder die Wunden in Ihrer Vergangenheit aufspürt. Sie lernen, kreativ mit Ihren Ängsten und Ohnmachtsgefühlen umzugehen. Sie erproben gangbare Wege und üben konstruktive Verhaltensmuster ein, damit Sie der Ohnmacht nicht länger hilflos ausgeliefert sind.

Möglichkeit Nr. 3
Prüfen Sie Ihre Gaben! Jeder Mensch ist ein von Gott Begabter.

Der Ohnmächtige schaut auf die Defizite, nicht auf seine Stärken. Einen Menschen ohne Stärke gibt es aber nicht. Überlegen Sie sich: Wo können Sie sinnvoll mitarbeiten? Wo können Sie effektiv Ihre Gaben einsetzen?

Möglichkeit Nr. 4
Vergeben Sie denen, die Ihre Ohnmacht *mit* verursacht haben! Wer nicht vergeben kann, der wird weiterhin von dem bestimmt, der ihn gekränkt hat. Er trägt die Wunden jahrzehntelang mit sich herum. Erst wenn Sie vergeben, befreien Sie sich von dem anderen.

- Vergeben heißt, sich von der Ohnmacht befreien.
- Vergeben heißt weggeben.
- Vergeben heißt, frei werden von der Vergangenheit.

Möglichkeit Nr. 5
Bleiben Sie nicht im Jammern stecken!

Wer jammert, flieht in Selbstmitleid. Wer jammert, lässt vielleicht hilflose Reaktionsmuster aus der Kindheit wieder aufleben.

Sagen Sie sich immer wieder:

- »Ich bin nicht mehr das Kind von damals!«
- »Meine Beziehungspersonen, meine Umgebung und meine Verhältnisse haben sich geändert!«
- »Ich kann mit Gottes Hilfe die Weichen für die Zukunft anders stellen !«

Nehmen Sie die Verantwortung für Ihr Leben selbst in die Hand! Sie können etwas verändern, wenn Sie daran glauben.

Möglichkeit Nr. 6
In Jesus haben wir Anteil an Gottes Macht.

Wer sich an seine Ohnmacht klammert, verzichtet auf einen großartigen Machtzuwachs. Christus ist am Kreuz in Ohnmacht geendet. Er ist für unsere Situation, für unsere Schwachheit und für unsere Ohnmacht in den Tod gegangen. Darin drückt sich Gottes unglaubliche Liebe zu uns Machtlosen aus. Mit seiner Auferstehungsmacht überwindet er unsere Sünden und Ohnmacht.

- In *ihm* haben wir teil an der Kindschaft Gottes.
- In *ihm* sind wir Töchter und Söhne unseres himmlischen Vaters.
- In *ihm* sind wir Teilhaber an seiner Macht.

In diesem Sinne haben wir eine grandiose Perspektive!

Tipp 19: »Learning by doing«

Die Gesprächstherapie ist *eine* Methode, dem Betroffenen zu helfen. Es wird geredet und der Angstpegel dabei relativ niedrig gehalten.

Eine andere hilfreiche Methode ist die bereits angesprochene Konfrontationsmethode.

- Der Betroffene wird mit seiner Angst konfrontiert.
- Der Betroffene begegnet dem Objekt seiner Angst leibhaftig.
- Der Betroffene mit einer Schlangenphobie beispielsweise erlebt, wie ihm geradezu die Angst ausgetrieben wird.

Diese Methode hat auch den Namen »Flooding«. Dabei handelt es sich um eine Art Überflutung. Die Angstreize werden dem Betroffenen nicht häppchenweise dargeboten, vielmehr wird der Betroffene mit Hunden, Schlangen oder Vögeln gemeinsam eingesperrt, um quasi mit dem »Holzhammer« die Angstattacken zu beseitigen.

Es leuchtet vermutlich ein, dass diese Methode brutal, aber effektiv ist. Die gleiche Technik wird bei Brückenangst, Höhenangst, Flugangst und Fahrstuhlangst praktiziert. Die Erfahrung mit dem Angst auslösenden Objekt wirkt befreiend und angstreduzierend.

Möglich ist es, dem Betreffenden im Gespräch schon vorher auf seine Reaktionen im Ernstfall aufmerksam zu machen. Schließlich handelt es sich um eine »eingebildete Angst«. Tausende und Abertausende benutzen den Fahrstuhl und verlassen ihn ohne große Probleme. Es ist die fehlerhafte Einschätzung, die die Angst verstärkt.

- »Der Fahrstuhl könnte stehen bleiben.«
- »Wenn ich im Fahrstuhl eine Panikattacke bekomme, könnte es zu einem Herzinfarkt kommen.«
- »Ein Arzt ist im Kaufhaus möglicherweise im Ernstfall nicht aufzutreiben.«
- »Ich bin bis auf die Knochen bloßgestellt.«

Diese »katastrophalisierenden Gedanken«, wie sie der Therapeut Albert Ellis nennt, müssen durch positive ersetzt werden:

- »Wenn der Fahrstuhl häufig stecken bliebe, gäbe es ihn ganz sicher in keinem Kaufhaus mehr.«
- »Der Herzinfarkt im Fahrstuhl ist so gut wie unmöglich. Die Häufigkeit ist etwa zehn Millionen zu eins.«

Wichtig ist: Rationale Argumente leuchten ein, verringern aber die Angstsymptome nur wenig. Sie können im Wesentlichen durch handfeste Begegnungen mit dem Objekt der Angst gelöscht werden. Nicht wenige Menschen lehnen allerdings eine solch brutale Methode der Konfrontation ab. Sie wünschen sich lieber Gespräche *über* ihre Ängste und brauchen unter Umständen Jahre, um befreit zu werden.

Es leuchtet ein, dass die Angst zunächst bis zur Schmerzgrenze anwächst. Aber je länger die Konfrontation dauert, desto nachhaltiger verliert sie sich auch, und die Angstsymptome flauen ab. Wichtig ist, dass der Versuch nicht abgebrochen werden darf, weil er sonst im Gehirn als »Misserfolg« abgespeichert wird. Das aber macht weitere Versuche sehr viel schwieriger.

Tipp 20: Hilfe durch Medikamente

Es gibt eine Reihe von Menschen mit Angststörungen, die Medikamente grundsätzlich ablehnen. Vor allem Christen reagieren allergisch auf Angebote von Medikamenten.

Es heißt dann:

- »Ich vertraue meinem Herrn, er soll mich heilen.«
- »Wenn unser Leben in seiner Hand ist, und wenn er sich sogar um die Vögel unter dem Himmel kümmert, dann verlasse ich mich allein auf seine Hilfe und sein Wort.«
- »Wenn ich Medikamente nehme, pfusche ich Gott ins Handwerk, mein Leid muss an ihm vorbei.«

Wenn wir an Krebs erkranken, einen Blinddarmdurchbruch bekommen, ein Magengeschwür, Asthma oder ein gebrochenes Bein haben – um nur einige Gebrechen zu nennen –, ist es selbstverständlich, dass uns Ärzte und Krankenhäuser zur Verfügung stehen und auch von Christen in Anspruch genommen werden. Dann werden in der Regel auch problemlos Medikamente akzeptiert. Nur wenn es um seelische Störungen und psychische Krankheiten geht – und eben auch um schwere Angsterkrankungen –, werden Ärzte und Medikamente abgelehnt.

Der schon genannte Professor Bandelow hat acht Irrtümer über Psychopharmaka zusammengestellt, die speziell für Medikamente gelten, die bei Angststörungen eingesetzt werden:

- »*Irrtum Nr. 1: Psychopharmaka stellen uns ruhig.*
- *Irrtum Nr. 2: Nebenwirkungen der Medikamente sind schlimmer als die Krankheit.*
- *Irrtum Nr. 3: Alle Psychopharmaka machen abhängig.*
- *Irrtum Nr. 4: Psychopharmaka verändern die Persönlichkeit.*
- *Irrtum Nr. 5: Die Einnahme eines Medikamentes ist Ausdruck einer Niederlage.*
- *Irrtum Nr. 6: Psychotherapie wirkt bei Ängsten immer besser als Psychopharmaka.*
- *Irrtum Nr. 7: Psychopharmaka taugen nichts, weil sie auf Dauer nicht wirken.*
- *Irrtum Nr. 8: Seelische Krankheiten kann man viel besser mit natürlichen Mitteln heilen.*«[8]

Da ich kein Arzt bin, verzichte ich darauf, Namen von Medikamenten zu nennen, die besonders bei schweren Angststörungen helfen. Zweifellos werden Gefühle, Stimmungen und Wahrnehmungen durch »Chemie für die Seele« beeinflusst. Seelische Störungen können anlagebedingt hervorgerufen, aber auch durch biochemische Beeinflussung korrigiert werden. Allgemein geht die Forschung heute davon aus, dass schwere Angststörungen am effektivsten *mit* Medikamenten und gleichzeitiger Therapie bzw. Seelsorge zu bekämpfen sind.

Christen können eine Behandlung mit Medikamenten getrost in Gottes Hände legen. Vertrauen in die Kraft Gottes zahlt sich aus. Glauben und Vertrauen verstärken die Wirkung und stabilisieren das Immunsystem, wie viele wissenschaftliche Forschungsergebnisse bestätigt haben. Wir dürfen auch davon überzeugt sein, dass Psychopharmaka, Ärzte, Therapeuten und Seelsorger Werkzeuge und Mitarbeiter Gottes sind. Diese Überzeugung befreit uns von unangebrachten Ängsten.

Tipp 21: »Ich will meine Angst wirklich loswerden«

Im Laufe meiner seelsorgerlichen und therapeutischen Praxis habe ich erfahren müssen, dass es Menschen gibt, die ihre schweren Ängste oder andere seelische Störungen gar nicht los sein wollen. In der Tat, es gibt Menschen, die möchten nicht gesund werden, weil sie sonst wieder voll aktiv ins alltägliche Zusammenleben eingespannt werden. Diese Menschen wollen ihre Störungen behalten, weil sie ihnen nützlich sind.

Es hat lange gedauert, bis ich verstanden habe, warum Jesus einen Menschen, der seit 38 Jahren gelähmt war, ernsthaft fragte: »Willst du wirklich gesund werden?« Man sollte ja meinen, das sei eine ausgesprochen naive und dumme Frage, weil schließlich jeder Mensch nicht krank bleiben, sondern gesund werden möchte. Heute aber weiß ich, es ist eine der klügsten Fragen im gesamten Neuen Testament.

Der Gelähmte wurde betreut, wurde versorgt und hatte Menschen um sich, die sich um ihn kümmerten. Was würde geschehen, wenn er morgen gesund wäre? Womöglich kümmert sich niemand mehr um ihn. Dann muss er *allein* sein Leben gestalten, sich *allein* versorgen und *allein* für alles die Verantwortung tragen. Liebend gern hätte ich gewusst, wie es dem Gelähmten nach seiner Heilung ergangen ist. Ob er wirklich vom Scheitel bis zur Sohle glücklich wurde?

Ich hatte einen zehnjährigen Jungen in der Beratung. Er kam aus einer großen Familie und hatte noch sechs weitere Geschwister. Der Vater war Landwirt, und so war es üblich, dass alle Kinder im Stall, auf dem Feld und im Hause mitarbeiten mussten. Auch beim Zubereiten der Mahlzeiten für Schweine, Kühe, Hühner, Katzen und Hunde halfen sie. Eines Tages wurde der Junge krank, er bekam Asthma. Seine Mutter, die sich bisher kaum um ihren Sohn gekümmert hatte, bekam große Angst und machte sich viele Gedanken. Der Junge lernte:

- Wenn du krank bist, bekommst du Zuwendung;
- wenn du krank bist, wirst du geschont;
- wenn du krank bist, musst du nicht mitarbeiten;
- wenn du krank bist, hat jeder für deine Situation Verständnis;
- wenn du gesund bist, kümmert sich niemand mehr um dich, und du musst selbstverständlich wieder mitarbeiten.

Auch Angststörungen können dramatisiert und als Ausreden benutzt werden.

- »Ich kann nicht in den Keller gehen und Mineralwasser holen, die Angst macht mich verrückt!«

- »Ich kann nicht allein in meinem Bett schlafen, überall höre ich Geräusche, und ich fürchte mich!«
- »Ich kann nicht mit der Schulklasse auf die Ferienfahrt nach Rügen fahren, die Angst macht mich krank.«

Wenn Eltern und Erzieher sich von solchen Ängsten beeindrucken lassen, kann die Angst von Kindern, Erwachsenen und auch von alten Menschen dazu benutzt werden, sich zu drücken.

Wer die Ängste hört und nicht bagatellisiert, wer sie akzeptiert, ohne dem Betroffenen Sonderzuwendungen zu geben, wird erleben, dass die Ängste bald keine Rolle mehr spielen. Der Betroffene darf Angst haben, aber seine Pflichten und seine Verantwortung werden ihm dadurch nicht abgenommen.

Tipp 22: Christus hat die Angst besiegt

Von der Wiege bis zur Bahre begleiten uns kleine und große Ängste, lächerliche und wirklich ernste. Viele davon sind Erwartungsängste.

- Der Mensch *erwartet,* dass etwas schief geht;
- Der Mensch *erwartet,* dass ein Unglück eintrifft;
- der Mensch *erwartet,* dass er Pech hat.

In einem Buch las ich den Bericht einer indischen Forscherin, die erzählte, dass in Indien häufig Menschen von giftigen Schlangen gebissen wurden und dann starben. Einmal war ein Mann von einer Schlange gebissen worden und danach gestorben. Als man kurze Zeit später das Tier im Haus entdeckte, merkte man, dass die Schlange nicht giftig war. Warum aber war der Mann trotzdem gestorben? Nun, er hatte einfach *erwartet*, dass es eine giftige Schlange war.

Wir sehen also, dass Erwartungen den Tod herbeiführen können. Ebenso bezeugt sind Berichte von Medizinmännern in Australien, von Zauberern in der Südsee, in Afrika und Südamerika. Menschen wurden von ihnen in Abwesenheit verurteilt und starben einige Tage später tatsächlich. Erwartungsängste sind eine unglaubliche Kraft, weil der Erwartende sich mit seiner ganzen Existenz auf das zu Erwartende zubewegt.

Angst ist *die* Krankheit unserer Tage, sie hat ein erschreckendes Ausmaß angenommen. Das »Düsseldorfer Kom(m)ödchen« brachte in seinem politischen Kabarett einmal eine Schilderung des modernen Menschen. Dort heißt es:

»Lebensangst und Kreislaufstörung,
Hasten, Jagen, Angst und Gier.
Was stabil ist, ist die Währung,
was labil ist, das sind wir.

Lass die Puppen schneller tanzen,
ohne Ziel in dem Getriebe,
hochgepeitscht durch Dissonanzen,
ohne Glaube, ohne Hoffnung, ohne Liebe …«

Jesus Christus ist mit der Angst fertig geworden. Im Johannes-Evangelium steht der beruhigende Satz: *»In der Welt habt ihr Angst, aber seid getrost, ich habe die Welt überwunden.« (Johannes 16, 33)*

Jesus sagt nicht: »Seid getrost, ich nehme euch die Angst weg.« Angst ist ein Bestandteil des Menschen in dieser Welt. Sie gehört zur Schöpfungsordnung Gottes und hat im zwischenmenschlichen Zusammenleben eine wichtige Funktion.

Christus hat die Welt überwunden, das heißt für mich:

- er hat die lebensbedrohlichen und lebensvernichtenden Mächte besiegt,
- er hat die Angst vor dem Tode entmachtet,
- er hat die Angst vor Krankheit, Sünde und Schuld überwunden,
- und er ist mit unseren unzähligen Ängsten fertig geworden, weil er in Tod und Auferstehung Sieger geblieben ist.

Der Glaube an den Weltüberwinder ist unsere Weltüberwindung. Der Glaube an den Weltüberwinder ist aber auch unsere Angstüberwindung.

Aber seid getrost …

Es gibt ein menschliches »Aber«, das sehr fragwürdig ist. Mit diesem kleinen Verbindungswort stellen wir vieles wieder infrage, was wir vorher gesagt haben.

»Es leuchtet mir ein, was Sie ausgeführt haben, *aber* ich kann es nicht realisieren.« Das Aber fegt alles vom Tisch.

Das *göttliche* Aber fegt unsere Zweifel vom Tisch. Es nimmt unsere Befürchtungen und Ängste weg. *»Aber seid getrost, ich habe die Welt überwunden.«* Dieses Aber ist ein Bollwerk gegen unsere Angst, eine Mauer gegen alle Zweifel.

Der katholische Theologe Professor Jörg Müller schreibt in einem Leitartikel: *»Mir scheint, dass die angstbesetzte Frömmigkeit mehr zum Hassen und zur Lebensverweigerung führt als zum Lieben und Leben. Gott macht keine Angst; wer Angst hat, hat ihn noch nie erfahren. (…) Nie sagte er: ›Deine Moral hat dir geholfen‹, sondern, ›dein Glaube hat dich heil ge-*

macht.‹ Macht das nicht Lust auf ein befreites, couragiertes und erfülltes Leben?«[9]

Wer diesem Weltüberwinder vertraut, wird seine Ängste in Schach halten. Sie können ihn nicht mehr verrückt machen und aus der Bahn werfen.

Tipp 23: Überwinden Sie Selbstvorwürfe und Schuldgefühle

Viele Christen, die mit Angst- und Schuldgefühlen in die Seelsorge kommen und denen im Namen Jesu Vergebung zugesprochen wurde, erfahren oft nur eine kurzfristige Befreiung. Sie bleiben verzweifelt und angefochten. Die verschiedenen Ängste sind nicht überwunden. Was machen sie falsch?

- Sie hören auf ihre innere Stimme,
- sie verlassen sich auf ihre unklaren Gefühle,
- sie erleben ein überwaches Gewissen, das sie benebelt,
- sie glauben mit dem Kopf, aber nicht mit dem Herzen,
- sie horchen auf ihr Innenleben und nicht auf den Herrn.

Was sind Selbstzweifel? Sie beinhalten ein Gefühl der Ungewissheit. Es handelt sich um Ängste,

- dem Glauben nicht gerecht zu werden,
- verloren zu gehen,
- keine Heilsgewissheit zu haben,
- die Sünde wider den Heiligen Geist begangen zu haben.

Was sind Selbstanklagen? Wie können sie aussehen? Es handelt sich um Gefühle, als Christen nicht zu genügen, in der Nachfolge Jesu zu versagen, die Heilung nicht ernst genug betrieben zu haben.

Immer wieder sind Menschen davon betroffen, die äußerst gewissenhaft leben, extrem gesetzlich glauben und ernst und innig ihren Glauben realisieren wollen. Viele führen Krieg gegen sich selbst. Sie zerstören ihre Gesundheit und ruinieren ihr Leben. Gleichzeitig sind sie hochsensibel, hochgradig empfindlich und hellhörig für alles Sündhafte. Sie neigen dazu, sich selbst zu verdammen und sich infrage zu stellen. In der Regel denken sie pessimistisch, sehen alles grau in grau und haben eine dunkle Brille auf. Das Leichte und Lockere ist ihnen fremd. Sie wollen Schwarzbrot und kein Weißbrot als geistliche Kost. Es sind ernsthafte Christen, die sich intensiv mit dem Leiden der Welt beschäftigen, die alles schwer nehmen, die ihr Leben und das Leben der nächsten Angehörigen belasten.

Diesen Menschen kann ein Wort aus dem 1. Johannesbrief helfen, es ist ein ungemein starkes Wort gegen Minderwertigkeitsgefühle, gegen Selbstverachtung, gegen Selbstentwertung, gegen Selbstzweifel und gegen Ängste verschiedener Art. Es lautet: *»Deshalb, meine Kinder, lasst uns einander lieben: nicht mit leeren Worten, sondern mit tatkräftiger Liebe und in aller Aufrichtigkeit. Daran zeigt es sich, dass Jesus Christus unser Leben bestimmt. So können wir mit gutem Gewissen vor Gott treten. Doch auch wenn unser Gewissen uns anklagt und schuldig spricht, dürfen wir einander vertrauen, dass Gott größer ist als unser Gewissen. Er kennt uns ganz genau. Kann uns also unser Gewissen nicht mehr verurteilen, meine Lieben, dann dürfen wir voller Zuversicht zu Gott kommen. Er wird uns geben, worum wir bitten.« (1. Johannes 3, 18 – 22a)*

Dieses Bibelwort ist eine großartige Ermutigung für Christen, die unglücklich sind, die ohnmächtig reagieren, unter sich leiden und von Ängsten verzehrt werden. Das Wort ist wie ein Schutzschild gegen übertriebene Ängste.

Nun mögen Sie vielleicht einwenden: Was ist denn kritisch an Menschen,

- die mit einem äußerst feinen Gewissen reagieren,
- die Gottes heiliges Wort äußerst ernst nehmen,
- die alles Oberflächliche und Leichte hassen,
- die überall einen Spatenstich tiefer graben als andere,
- die einen hohen moralischen Standpunkt vertreten?

Der amerikanische Psychotherapeut Harold Mosack hat in Kurzfassung vierzehn häufig vorkommende Lebensstile vorgestellt, die die wesentlichsten Lebensgrundüberzeugungen widerspiegeln. Ein Stil, der für die eben aufgeführten Christen typisch ist, die sich selbst im Wege stehen, lautet: *»Der Mensch, der gut sein will. Er lebt nach höheren Maßstäben als die Gottes. Er kann sich Sünden nicht vergeben, die Gott ihm längst vergeben hat. Er geht mit sich härter ins Gericht als Gott mit uns.«*

Der Teufel ist ein Verdreher und Durcheinanderbringer. Unsere positiven Ziele und Absichten unterläuft er und macht aus Christen Pharisäer, die sich bewusst oder unbewusst über andere erheben, die meinen, gründlicher zu glauben und gewissenhafter ein christliches Leben zu realisieren. Wer ungewollt reiner als andere sein will, wer unbarmherziger mit sich selbst als Gott mit uns ist, der landet schnell in der Selbstverdammung und in der Resignation. Solche Menschen fühlen ihren geistlichen Puls, sie hören auf ihre Gefühle und Stimmungen. Und das verwehrt uns das Wort Gottes. Denn:

- Wir verlassen uns nicht auf unsere Gefühle,
- wir verlassen uns nicht auf Stimmungen des Herzens,

- wir verlassen uns nicht auf ein anklagendes Gewissen,
- wir verlassen uns auf die Zusagen unseres Herrn, wir vertrauen seinem Wort und lassen uns nicht von anklagenden Gefühlen aus der Bahn werfen.

Gott ist größer als unser Herz, er ist größer als unser Gewissen, größer als unsere Selbstanklagen und größer als unsere Ängste und Selbstzweifel.

Diese Zusage ist einmalig. Wir sind von Angst Befreite, also können wir auch leben wie Befreite!

Tipp 24:
Nichts geht über Vertrauen

In vielen Fällen ist mit Angst die Befürchtung verbunden, in den Augen anderer Menschen an Wert zu verlieren. Angst ist also eine Beziehungsstörung. Diese Ängste knebeln einen Menschen. Sie blockieren, verspannen und belasten den Organismus. Angst ist ein psychosomatischer Vorgang, der in Leib und Seele Reaktionen hervorruft und den Organismus auf Dauer schädigen kann.

Was können wir tun?

Der Apostel Johannes hat uns eine Mut machende Anregung gegeben: *»Wer bereit ist, Gott zu gehorchen, wird merken, ob meine Lehre von Gott ist oder ob ich meine eigenen Gedanken vortrage.« (Johannes 7, 17)*

Ein erstaunliches Wort. Jesus animiert uns, ihn auf die Probe zu stellen. Er ermutigt uns, ein Experiment zu wagen. Gegen unsere inneren Überzeugungen können wir Schritte wagen, die uns Jesus im Neuen Testament anbietet. Je ängstlicher und misstrauischer wir unseren Lebensstil gestaltet haben, desto vorsichtiger und zaghafter probieren wir neue Wege.

Jesus lädt uns ein, seinem Worte zu gehorchen und *Vertrauen zu wagen.* In den täglichen Andachten des Neukirchener Kalenders las ich einmal eine Geschichte, die überzeugend bestätigt, was es bedeutet, Vertrauen zu wagen.

»Hoch über dem Marktplatz einer kleinen Stadt hatte ein Seiltänzer sein Seil gespannt und machte dort oben unter den staunenden Blicken vieler Zuschauer seine gefährlichen Kunststücke. Gegen Ende der Vorstellung holte er seine Schubkarre hervor und fragte die Anwesenden: ›Sagen Sie, trauen Sie mir zu, dass ich die Karre über das Seil schiebe?‹

›Aber gewiss‹, antworteten die Gefragten fröhlich. ›Würden Sie sich dann meiner Geschicklichkeit anvertrauen, sich in die Karre setzen und sich von mir über das Seil fahren lassen?‹ fragte der Schausteller weiter. Da wurden die Mienen der Zuschauer ängstlich. Nein, dazu hatten sie keinen Mut. Nein, das trauten sie sich und ihm nicht zu.

Plötzlich meldete sich ein kleiner Junge. ›Ich setze mich in die Karre‹, rief er, kletterte hinauf, und unter dem gespannten Schweigen der Menge schob der Mann das Kind über das Seil. Als er am anderen Ende ankam, klatschten alle begeistert Beifall. Einer aber fragte den Jungen: ›Sag, hattest du keine Angst da oben?‹

›Oh nein‹, lachte der, ›es ist ja mein Vater, der mich über das Seil schob!‹«

- Wir *machen* neue Erfahrungen, wenn wir uns auf Jesus einlassen.
- Wir *gewinnen* neue Erkenntnisse, wenn wir Gott vertrauen.
- Wir *korrigieren* unser Gottesbild, wenn wir hören und gehorchen.
- Wir *verringern* unsere Angst, wenn wir IHM mehr vertrauen als unseren Sorgen und Befürchtungen.

KAPITEL 6

Angst und Selbsterforschungsfragebögen

Auf den nächsten Seiten werden einige Selbsterforschungsfragebögen vorgestellt, die Betroffene benutzen können, um die Stärke ihrer Angst und ihre spezielle Ausprägung zu überprüfen. Es handelt sich nicht um so genannte valide Tests, die in Kliniken oder psychosomatischen Praxen verwendet werden. Selbsterforschungsfragebögen sollen Denkanstöße liefern, sich der eigenen Angst bewusst zu werden, die Erscheinungsform der Angst genauer zu definieren, nicht die Augen vor den Ängsten zu verschließen und ihnen nicht auszuweichen, und Mut machen, sich gegebenenfalls einem Facharzt oder einem Fachseelsorger anzuvertrauen.

Diese Selbsterforschungsfragebögen geben Hinweise,

- ob die Angst ein Normalmaß im zwischenmenschlichen Zusammenleben überschreitet;
- ob die Angst im ehelichen und sexuellen Bereich die partnerschaftliche Harmonie und Liebe beeinträchtigt;
- ob die Kriterien für eine spezielle »Angststörung« gegeben sind;
- ob die Angst krankhafte Züge trägt, die behandelt werden sollten.

Normale Ängste sind für das Zusammenleben und zum Überleben notwendig. Übertriebene und krankhafte Ängste stören das Miteinander und untergraben die Gesundheit. Sie beeinträchtigen auch unser Glaubensleben. Wenn Millionen Menschen in Deutschland mit unterschiedlichen Ängsten reagieren, ist es keine Schande, wenn junge und ältere Menschen, die sich angesprochen fühlen, ihren ungesunden Ängsten auf verschiedene Weise entgegentreten.

Hinweise für den Selbsterforschungsfragebogen »Meine Ängste«

1. Füllen Sie bitte den Bogen ohne langes Überlegen aus.
2. Sie können den Selbsterforschungsfragebogen auch von Ihrem Freund/Ihrer Freundin oder dem Partner ausfüllen lassen. Oft sind die Einschätzungen des anderen für Sie informativ.
3. Bei welchen Ängsten fühlen Sie sich am stärksten angesprochen? Worauf führen Sie das zurück? Was drücken Sie damit aus?
4. Wie wirken sich Ihre Ängste im Arbeitsbereich aus? Beinhalten die Ängste Nachteile für Ihr Vorwärtskommen?
5. Wie wirken sich Ihre Ängste in Ehe, Partnerschaft oder zwischenmenschlichen Beziehungen aus?
6. Wollen Sie etwas unternehmen, um die Ängste zu verringern?

Meine Ängste

Ein Selbsterforschungsfragebogen

Ich habe Angst	Stimmt nicht	Stimmt etwas	Stimmt voll
vor autoritären Personen	/	X	
vereinnahmt zu werden	X		
vor Menschen, die sicher und selbstbewusst auftreten	X		
in der Mitte der Kirchenbank zu sitzen	X		
dass man mich auslacht	X		
dass man mich verlässt		X	
dass man gegen mich intrigiert			/
vor Gott, weil ich ihn als strengen Richter erlebe			
dass ich rot werde	X		
dass ich kritisiert werde		X	
dass ich sexuell versage	X		
dass ich nicht ernst genommen werde			X
vor vielen Menschen, ich meide Partys	X		
vor zu viel Nähe	X		
vor zu viel Distanz	X		
ausgenutzt zu werden		X	
einen Fehler zu machen			X
entblößt zu werden			X
durchschaut zu werden	X		
vor Verantwortung			X
vor Alleinverantwortung			X
Verantwortung teilen zu müssen	X	X	
vor einer Gruppe sprechen zu müssen		X	
Risiken einzugehen	X		
vor Teamarbeit	X		
ausgebootet zu werden	X		
ins Flugzeug, auf ein Schiff, in den Fahrstuhl zu steigen (Zutreffendes ankreuzen)	X		
vor Entscheidungen	X		
vor Alleinentscheidungen	X		
vor Bevormundung			X
ehrlich meine Meinung zu sagen	X		
anderen nach dem Munde zu reden	X		
vor meiner Direktheit		X	
vor der Direktheit anderer	X		

Angst und Persönlichkeitsstruktur

Ein Selbsterforschungsfragebogen

		ja	nein	unent-schieden
1	Legen Sie Wert darauf, stets gut gekleidet zu sein?	X		
2	Wenn Sie Zeuge eines Unfalls wären, würden Sie sofort erste Hilfe leisten?		X	
3	Halten Sie Gedanken über den Tod für krankhaft?		X	
4	Betrachten Sie Mystizismus (Wunderglaube) als Unsinn?		X	
5	Ist Ihnen Reden lieber als Zuhören?			X
6	Sind Sie stets zu Kompromissen bereit?			X
7	Trinken Sie lieber in Gesellschaft?	X		
8	Sind Sie mehr an Tatsachen als an Theorien interessiert?			X
9	Wenn Sie Unrecht haben, geben Sie es bereitwillig zu?	X		
10	Arbeiten oder spielen Sie lieber in einem Team?	X		
11	Wenn Sie wütend sind, machen Sie da gerne eine Szene?		X	
12	Bewundern Sie Vertrauen mehr als Vorsicht?			X
13	Können Sie sich gut unters Volk mischen?	X		
14	Treffen Sie sehr schnell Entscheidungen?	X		
15	Übernehmen Sie bereitwillig Verantwortung?		X	X
16	Sind Sie bei Partys gern einer von vielen?		X	
17	Langweilt es Sie, allein zu sein?	X		
18	Sind Sie imstande, sich Sorgen aus dem Kopf zu schlagen?	X		
19	Fühlen Sie sich in der Öffentlichkeit wohl?	X		
20	Möchten Sie gern einmal im Fernsehen auftreten?			X
21	Sind Sie eher sozial aufgeschlossen?	X		
22	Lieben Sie Neues und die Abwechslung?		X	
23	Sind Sie leichter Emotionen ausgeliefert?	X		
24	Lieben Sie das Risiko?	X		
25	Sind Sie eher optimistisch eingestellt?	X		
26	Sind Sie eher ungeduldig?	X		X
27	Sind Sie eher geduldig?			X
28	Gehören Sie zu den spontanen Menschen?	X		
29	Sind Sie sehr auf Lob und Belohnung angewiesen?	X		
30	Können Sie relativ leicht auf andere Menschen zugehen?		X	

Hinweise für den Selbsterforschungsfragebogen »Angst und Persönlichkeitsstruktur«

1. Füllen Sie bitte den Bogen ohne langes Überlegen aus.
2. Wie viele Ja-Antworten, wie viele Nein-Antworten, wie viele Antworten mit »unentschieden« haben Sie angekreuzt? Viele Unentschieden-Antworten können Entscheidungsschwäche, Perfektionismus, Angst vor Entblößung oder übergroße Gewissenhaftigkeit verdeutlichen.
3. Der Fragebogen ist kein valider Test. Er gibt lediglich Tendenzen wieder, die Ihre Persönlichkeit charakterisieren.
4. Ja-Antworten beinhalten eine mehr *extrovertierte* Persönlichkeitsstruktur, Nein-Antworten beinhalten eine mehr *introvertierte* Persönlichkeitsstruktur. Extraversion bedeutet, es handelt sich um eine mehr gesellige, sozial aufgeschlossene Persönlichkeit. Sie ist mitteilungsfreudig, risikobereit, aufgeschlossen für alles Neue und Abwechslungsreiche, ist optimistisch, betriebsam, leicht erregbar, ungeduldig und legt Wert auf Belohnung und Lob.
5. Die introvertierte Persönlichkeit ist nicht sehr gesellig, eher zurückgezogen, vorsichtig und ruhig. Sie vertraut sich nur wenigen intimen Freunden an, scheut das Risiko, plant und denkt eher voraus, bevor sie handelt. Die Gefühlswelt ist kontrolliert, sie reagiert leichter mit Misstrauen, ist eher etwas pessimistisch, selten ungeduldig, sehr zuverlässig und hat sehr hohe moralische Normen und Werte. Sie hat größere Angst vor Strafen.
6. Selbstverständlich gibt es Mischformen dieser Persönlichkeitseigenarten. Im Fragebogen sind die *typisch* Introvertierten und die *typisch* Extrovertierten dargestellt.
7. Welche Eigenschaften oder Verhaltensmuster sind Ihnen unangenehm? Welche Eigenschaften oder Verhaltensmuster machen Ihnen im Beruf, in Ehe und Beziehungen Schwierigkeiten?

Keine Angst vor Lebensentscheidungen

Was hindert mich, Entscheidungen zu treffen?
Wozu verschiebe ich Entscheidungen?

	ja	nein
Weil ich keinen Fehler machen will.		
Weil ich Angst habe, kritisiert zu werden.		
Weil ich Angst habe, unterlegen zu sein.		
Weil ich Angst habe, über'n Tisch gezogen zu werden.		
Weil ich Angst habe, mich zu entblößen.		
Weil ich der Verantwortung aus dem Wege gehe.		
Weil ich nicht festgelegt werden will.		
Weil ich es lieber habe, dass andere Fehler machen.		
Weil ich misstrauisch bin.		
Weil ich außerordentlich gründlich bin.		
Weil ich das biblische Gebot befolgen will, dass der männliche Partner die Entscheidungen fällt.		
Weil ich sehr unsicher bin und mich minderwertig fühle.		

Hilfen für die Auswertung

1. Welche Aussagen, die für Sie zutreffen, beschweren Sie?
2. Welche Aussage, die für Sie zutrifft, belastet Ihre Beziehung?
3. Welche Lebensentscheidungen lösen Ängste in Ihnen aus?

Leiden Sie unter einer Panikstörung?

Bitte kreuzen Sie an, was auf Sie zutrifft!

	Herzrasen oder unregelmäßiger Herzschlag
	Schwitzen
	Zittern oder innerliches Beben
	Mundtrockenheit
	Luftnot
	Engegefühl oder Kloß im Hals
	Schmerzen, Druck oder Enge in der Brust
	Übelkeit oder Magenbeschwerden
	Schwindel, Unsicherheit, Benommenheit oder Angst, in Ohnmacht zu fallen
	Gefühl, nicht da zu sein oder neben sich zu stehen
	Angst, die Kontrolle zu verlieren oder verrückt zu werden
	Hitzewallungen oder Kälteschauer
	Taubheits- oder Kribbelgefühle in den Gliedmaßen oder im Gesicht

Treten diese Symptome in Form von plötzlichen Angst- oder Panikzuständen auf, die zwischen 10 Minuten bis zwei Stunden andauern?

Haben Sie dabei mindestens vier dieser Symptome gleichzeitig?

Häufig treten die Symptome auch in Verbindung mit Platzangstsymptomen (Agoraphobie) auf.

Was können Sie tun?

1. Sprechen Sie mit einem Psychiater oder einem Psychotherapeuten, der sich mit diesen Symptomen auskennt.
2. Sprechen Sie auch mit einem Seelsorger, der ihnen in Abstimmung mit einem Therapeuten weiterhelfen kann.

Welche Ängste können das sexuelle Erleben stören?
Ein Selbsterforschungsfragebogen

	stimmt	stimmt nicht
Ich habe Angst, zu versagen.		
Ich habe Angst, der Partner bleibt unzufrieden.		
Ich habe kein Interesse an Sex.		
Ich fühle mich ausgenutzt.		
Ich habe Angst, der Partner bestimmt alles.		
Ich habe Angst, ich genüge dem Partner nicht.		
Ich kann schlecht abschalten.		
Ich habe Angst, dass die Kinder stören.		
Ich mag meinen Körper nicht.		
Ich habe Angst, die Wünsche des Partners nicht erfüllen zu können.		
Ich habe Angst, den Partner zu verlieren.		
Ich habe Angst, dass wir uns nicht »richtig« sexuell lieben.		
Ich habe Angst, den Höhepunkt nicht zu schaffen.		
Ich bin oft wütend auf den Partner.		
Ich beobachte mich stark beim Verkehr.		
Ich fühle mich oft nach dem Verkehr depressiv.		
Ich habe Angst, dass die Erregung abbricht.		
Ich habe Angst vor einem Kind.		
Ich habe Angst, der Samenerguss kommt zu früh.		
Ich habe Angst, meine wirklichen Wünsche auszusprechen.		
Ich habe Angst, mich dem Partner zu verweigern.		
Ich habe Angst, hoffnungslos zu sein.		
Ich habe Schuldgefühle, Reizwäsche zu tragen.		
Ich habe Angst, sexuell den Anfang zu machen.		

Hinweise für den Selbsterforschungsfragebogen »Welche Ängste können das sexuelle Erleben stören?«

1. Es ist hilfreich, wenn jeder Ehepartner den Bogen für sich ausfüllt.
2. Tauschen Sie nach dem Ausfüllen Ihren Bogen aus und lassen dem Partner Zeit, sich gründlich mit Ihren Antworten zu beschäftigen.
3. Stellen Sie nur Fragen an den Partner. Lassen Sie alle Rechtfertigungen, alles Verteidigen und Richtigstellen sein.
4. Führen Sie keinen Streit!
5. Fragen Sie, wie dieses oder jenes gemeint ist.
   - »Wie hast du das gemeint?«
   - »Habe ich dich richtig verstanden, dass du mit der Antwort sagen willst …«
   - »Kannst du mir helfen, wie du jene Antwort gemeint hast?«
6. Sind Antworten auf dem Fragebogen, die Sie bisher Ihrem Partner verschwiegen haben?
7. Sind Sie bereit, mit ihm offen darüber zu reden?
8. Hat Ihr Partner alle Antworten, die Sie gegeben haben, gewusst, oder bleiben für ihn Fragen offen?
9. Welche Schwierigkeiten, die Sie beide erkannt haben, wollen Sie gemeinsam ändern?
10. Welche Antworten und deren Hintergründe verstehen Sie selbst nicht?
11. Sind Sie bereit, mit einem Fachseelsorger oder Berater über Ihre Probleme zu sprechen?

Meine Ängste – mein Selbstbild – meine Partnerschaft

Ein Selbsterforschungsfragebogen

	stimmt nicht	stimmt etwas	stimmt voll
Ich habe eine pessimistische Grundeinstellung zu mir.			
Ich habe eine pessimistische Grundeinstellung zum Partner.			
Ich konkurriere mit meinem Partner.			
Ich habe kein Vertrauen in meine eigenen Fähigkeiten.			
Ich entwerte den Partner.			
Ich lebe mehr in der Vergangenheit als in Gegenwart und Zukunft.			
Ich bin leicht gereizt.			
Ich reagiere schnell mit Zorn.			
Ich bin leicht kränkbar.			
Ich kann schlecht Lob vom Partner annehmen.			
Ich habe eine schlechte Meinung von mir.			
Ich lasse mich unterdrücken.			
Ich habe große Angst, allein zu sein.			
Ich habe große Angst, verlassen zu werden.			
Ich habe Angst vor der Nähe anderer Menschen.			
Ich traue mich nicht, über meine Gefühle zu sprechen.			
Ich erwarte oft das Schlimmste.			
Ich mache mir viele Sorgen.			
Ich vermeide selbstverantwortliches Handeln.			
Ich fühle mich von Gott immer wieder infrage gestellt.			
Ich zweifle an Gottes bedingungsloser Liebe.			
Ich passe mich lieber an.			
Ich überlasse gern dem Partner die Führung.			

Hilfen für die Auswertung

1. Es handelt sich um 23 kritische Aussagen, die das Selbstwertgefühl eines Menschen betreffen und die Partnerschaft belasten können.
2. Bitte füllen Sie den Bogen aus, ohne lange nachzudenken.

3. Sie können auch den Bogen von Ihrem Freund (Freundin/Verlobten) ausfüllen lassen.
4. Streiten Sie nicht über unterschiedliche Bewertungen: »Das siehst du völlig falsch!«, sondern sagen Sie: »Aha, so siehst du mich!«
5. Welche eigenen Aussagen stören Sie selbst am meisten? Welche Aussagen über den Partner belasten Sie?
6. Welche Punkte wollen Sie in Arbeit bzw. ins Gebet nehmen? Welche wollen Sie mit einem Fachseelsorger besprechen?

Leiden Sie unter einer Agoraphobie?

Häufig ist eine Agoraphobie mit einer Panikstörung verbunden.

	ja	nein
Reagieren Sie mit Angst, wenn Sie einen Fahrstuhl benutzen müssen?		
Meiden Sie öffentliche Verkehrsmittel?		
Gehen Sie aus Angst nicht mehr ins Kino oder in ein Theater?		
Wagen Sie nicht mehr, einen Tunnel zu durchfahren?		
Fällt es Ihnen schwer, mitten in einer Kirchenbank zu sitzen?		
Unterlassen Sie es, weite Reisen zu machen?		
Können Sie nur in Begleitung ein Kaufhaus aufsuchen?		
Bekommen Sie Angstgefühle in geschlossenen Räumen?		
Haben Sie Angst vor Orten, wo eine Flucht unmöglich wird?		
Vermeiden Sie es, in einer Schlange zu stehen?		

Auswertung

Wenn Sie mehr als vier Fragen mit Ja beantwortet haben, besteht der Verdacht, dass Sie unter einer Agoraphobie leiden.

Wichtig dabei ist, dass Ihre Lebensqualität erheblich eingeschränkt ist.

Sie entscheiden, ob eine Hilfe notwendig ist.

Leiden Sie unter einer »sozialen Phobie«?

	ja	nein
Gibt es Situationen, vor denen Sie Angst haben?		
Befürchten Sie, andere Menschen könnten Sie negativ beurteilen?		
Haben Sie Angst vor peinlichen Ereignissen?		
Kommt es vor, dass Sie in solchen Lagen erröten, zittern und mit Magen- und Darmstörungen kämpfen?		
Haben Sie Angst vor Respektspersonen?		
Wollen Sie beim Arbeiten ungern beobachtet werden?		
Gibt es Umstände, wo Sie große Angst haben, sich zu blamieren?		
Haben Sie Angst, als dumm, schwach oder verrückt angesehen zu werden?		
Vermeiden Sie Essen, Trinken, Sprechen und Schreiben in der Öffentlichkeit?		
Haben Sie Angst, Sie könnten in der Öffentlichkeit unangenehm auffallen?		
Haben Sie Angst, sich nicht durchsetzen zu können?		
Reagieren Sie in kritischen Situationen mit Durchfall, Zittern, Herzklopfen oder Erröten?		
Meiden Sie aus Angst Orte und Situationen, um sich nicht zu blamieren?		
Ist durch die Vermeidung Ihre normale Lebensführung eingeschränkt?		
Reagieren Sie überempfindlich auf Kritik und Ablehnung?		
Reagieren Sie in kritischen Situationen mit feuchten Händen und zittriger Stimme?		

Auswertung

Wenn Sie etwa vier Fragen mit Ja beantwortet haben, liegt der Verdacht nahe, dass Sie unter einer »sozialen Phobie« leiden.

Machen Sie sich nicht das Leben schwer und suchen Sie einen Facharzt auf, der Ihre Ängste überprüft und entsprechende Hilfen anbietet.

Auch Fachseelsorger können gezielte Angebote machen.

Ist Ihre Angst krankhaft?

Der Test gibt Auskunft, ob Sie sich behandeln lassen sollten.

	1	2	3	4
1. Ich mache mir immer Sorgen, obschon ich weiß, dass die meisten Dinge nie eintreten werden.				
2. Mich treibt eine große innere Unruhe um, sie macht mich rastlos.				
3. Den Tag erlebe ich ängstlich und angespannt. Für mich liegt etwas Bedrohliches in der Luft.				
4. Unbestimmte Sorgen treiben mich um. Nichts kann mich richtig erfreuen.				
5. Irgendwie gehört die Angst zu meinem Leben. Im Prinzip ist sie immer gegenwärtig.				
6. Wenn ich mich in die Angst hineinversetze, kann ich mir katastrophale Dinge ausmalen.				
7. Meine Angst kreist um alles Mögliche, um meine Kinder, die Ehe, die Zukunft.				
8. Meine Angst blockiert viele Aktivitäten: den Urlaub, die Gemeinde, Hobbys, usw.				
9. Der Alltag wird häufig zur Qual, weil viele Befürchtungen die Aktivitäten lähmen.				
10. Oft habe ich das Gefühl, dass ich die Kontrolle über mein Leben verliere.				
11. Die Ängste verschaffen mir sogar Schluck- und Halsbeschwerden.				
12. Meine Familie hält mich für einen Katastrophendenker.				
13. Nachts schlafe ich sehr unruhig. Ich bin nervös und zergrüble alles.				
14. Sorgen und Ängste halten mich in Atem. Oft sehe ich mich in einer Sackgasse.				
15. Was ich auch tue, alles ist mit Sorgen und Ängsten verknüpft.				
16. Mir fehlt die innere Ruhe. Ich bin zittrig, nervös und unkonzentriert.				
17. Oft glaube ich, die Angst ist übermächtig, mir wird alles zu viel.				
18. Oft ärgert mich die Fliege an der Wand. Ruhe und Gelassenheit sind hin.				
19. Die Spannung ist riesengroß, ich kann kaum noch abschalten.				
20. Es ist so, dass mir automatisch Befürchtungen und Sorgen den Tag verdunkeln.				

Die Zahlen hinter den Aussagen bedeuten:

1 = nie oder fast nie 3 = häufig
2 = selten 4 = fast immer

Zählen Sie nach dem Ankreuzen die Zahlen zusammen.

Auswertung

Bis 30 Punkte:
Sie werden mit Sorgen, Ängsten und Befürchtungen weitgehend fertig. Ihnen gelingt es, Ihr Leben ohne große seelische Belastungen zu realisieren.

31 – 48 Punkte:
Sie kennen Angst- und Spannungsgefühle und erleben hier und da sorgenvolle Stunden. Aber Sie sind diesen Ängsten nicht hilflos ausgeliefert. Ablenkung gelingt Ihnen. Den Zuspruch – auch im Glauben – können Sie umsetzen.

49 – 62 Punkte:
Sorgen und Ängste spielen in Ihrem Leben eine große Rolle. Alltag und Lebensfreude sind belastet. Sie können sich und den Angehörigen das Leben schwer machen. Auch können gesundheitliche Schäden eintreten.

Es ist ratsam, einen Facharzt oder einen Psychotherapeuten aufzusuchen. Vielleicht hilft Ihnen auch ein Fachseelsorger, der sich mit Angstsymptomen auskennt.

63 – 80 Punkte:
Ihre Ängste, Sorgen und Befürchtungen sind so groß, dass Ihr Alltag äußerst problematisch verläuft. Gespräche mit Freunden, wahrscheinlich auch Gebete bieten keine Entlastung. Vermutlich haben Sie die Kontrolle über Ihr Leben verloren. Alles wird Ihnen zu viel.

Sie benötigen dringend ärztlichen und therapeutischen Beistand. Sie selbst und Ihre Angehörigen werden vermutlich eine große Entlastung erfahren.

Literaturverzeichnis

Kapitel 2 – Wie Angst entsteht

1 Fritz Riemann, Grundformen der Angst, Ernst Reinhardt Verlag, München/Basel, 1976, 11. Auflage, S. 11ff.

2 Ursula Nuber, Der lange Schatten der Kindheit, in: Psychologie heute, 1/2005, S. 22.

3 Gerald Hüther, in: Psychologie heute, 1/2005, S. 24.

4 Paul Tournier, Geborgenheit – Sehnsucht der Menschen, Rascher Verlag, Zürich/Stuttgart, S. 9ff.

5 Sigmund Freud, Abriss der Psychoanalyse, Fischer Verlag, Frankfurt, 1970.

6 Borwin Bandelow, Das Angstbuch, Rowohlt Verlag, Reinbek b. Hamburg, 2004, S. 132f.

7 Borwin Bandelow, a. a. O., S.135.

8 Borwin Bandelow, a. a. O., 167f.

9 Viktor E. Frankl, Psychotherapie für jedermann, Herderbücherei, Freiburg, S. 130.

10 Viktor E. Frankl, a. a. O., S. 131.

Kapitel 3 – Angst hat viele Gesichter

1 McMillen, Vermeidbare Krankheiten, Aussaat Verlag, Wuppertal, 3. Auflage, S. 108.

2 David Seamands, Heilung der Gefühle, Verlag der Francke-Buchhandlung, Marburg, 1986, 2. Auflage, S. 67.

3 David Seamands, a. a. O., S. 67.

4 Nico van der Voot, Warum muss ich immer helfen?, Brockhaus Verlag, Wuppertal/Zürich, 1995.

Kapitel 4 – Krankhafte Formen der Angst

1 Elisabeth Lukas, Psychologie der Seelsorge, Herder Verlag, Freiburg, S. 168.

2 Joachim Gneist, Wenn Hass und Liebe sich umarmen, Piper Verlag 1995, S. 9.
3 Arno Schleyer, Die Kraft des Vertrauens, R. Brockhaus Verlag, Wuppertal 1990, S. 136.

Kapitel 5 – Wege aus der Angst

1 Jörg Müller, Lebenslust – ein Thema für die Frauen?, in: Psychotherapie und Seelsorge, 1/2005, S. 19f.
2 Jörg Müller, a. a. O., S. 19f.
3 ORTHO press 3/ 2004, S. 40f.
4 Borwin Bandelow, Das Angstbuch, Rowohlt Verlag, Reinbek b. Hamburg, 2004, S. 278.
5 Dale Carnegie, Sorge dich nicht, lebe!, Scherz Verlag, Bern München 1972, 23. Auflage, S. 34.
6 Johann Wolfgang von Goethe, Aus meinem Leben. Dichtung und Wahrheit. 1. Teil, Aufbau Verlag, Weimar 1968.
7 Gilbert Belezikian, Gemeinschaft, Projektion J. Verlag, Gerth Medien, Asslar, 1999, S. 11ff.
8 Borwin Bandelow, a.a.O., S. 289ff.
9 Jörg Müller, Lebenslust – ein Thema für die Frau?, in: Psychotherapie und Seelsorge, 1/2005, S. 22.